第11回日本パートナーシップ大賞
事例集

広がる協働

企業&NPO 272事例のデータ分析

パートナーシップ・サポートセンター
岸田 眞代 編著

はじめに

　よもや11回まで続くとは……きっと周りのだれもがそう思っていたことでしょう。
　11回という、おそらくNPO史上初の継続表彰事業（？）として記録されるべき「日本パートナーシップ大賞」。自画自賛しても誰にも叱られないだろう？とは思いますが、10回という私たちパートナーシップ・サポートセンターの自主事業の上に、第11回を日本NPOセンターとの協働で積み重ねることができました。心から感謝しております。
　とはいえ、自主事業として山あり谷あり……と言えば聞こえはいいのですが、NPOとして青息吐息で紡いできた10回の成果をしっかりと記録しておく責任を痛感してもいました。そこで今回は、11回の事例に先立ち、第1部として10回までの記録をまとめさせていただきました。
　第1回から10回までのグランプリ事業を中心に、その成果とその後の様子もメールや電話でヒアリングさせていただきました。ご協力いただきました皆様に心からお礼申し上げます。そしてお読みいただく皆様には、10数年にわたるNPOと企業の協働の変遷を読み取っていただければ幸いです。
　また、この間に積み重ねたデータをいろんな角度から数値で表現してみました。応募事業の事業分野等については毎回記してきましたが、10回を通してみるとまた新たな事実が浮かび上がってきました。活動分野では「まちづくり」が最も多かったこと、大企業よりむしろ中小企業の応募が多かったこと、零細企業やNPOでも協働は十分可能であること、最も多い組み合わせは「中小企業×小規模NPO」であることなど、何となくわかってはいても数字で表してみると、「なるほど」という実態が見えてきました。

こうした10回の上に、第11回は積み重ねられました。

　『NPOと企業の協働』を、名古屋中心の事業から「より全国区」をめざしての東京開催を8年ぶりに実現しました。内閣府や経団連1％クラブの協力も得ることができました。初めて試みたクラウドファンディングも成功させることができました。これらは日本NPOセンターとの協働で可能になったものも多く、第3部の事例の部分にその成果を記しています。運営委員会など10回までとはまた一味違った一面も汲み取っていただければ幸いです。

　表彰式当日は、グランプリの「1型糖尿病の患者のためのジューC事業」をはじめ、福島から応募の「健康手帳電子化システム開発事業」など5つの事業が、プレゼンテーションの時間とは別に会場参加者と膝を突き合わせながら語り合えたのも新たな試みでした。まさに協働の広がりを感じさせてくれた第11回でした。

　さて次は――。皆様のご支援で継続できることを期待して――。

2015年12月18日
特定非営利活動法人パートナーシップ・サポートセンター（PSC）
代表理事　岸田　眞代

（なお、第11回の審査員および会場提供にご尽力いただきました佐藤正敏氏が、2015年11月5日に逝去されました。謹んでご冥福をお祈り申し上げます）

Contents

はじめに 2

第Ⅰ部　NPOと企業の協働「パートナーシップ大賞」10回を振り返る

NPOと企業等による協働の社会的価値
〜日本パートナーシップ大賞10回の歩みと分析 8

第1章● 「パートナーシップ大賞」と
パートナーシップ・サポートセンター 9

第2章● NPOと企業の協働、歴代グランプリ事例とその到達点 22

第3章● データで振り返るパートナーシップ大賞 39

第Ⅱ部　第11回日本パートナーシップ大賞事例

第11回日本パートナーシップ大賞グランプリ
case1●「1型糖尿病の患者のためのジューC」事業
**子どもたちの病気が治り、
普通にお菓子を食べられる社会の実現のために** 54
認定NPO法人日本IDDMネットワーク＋カバヤ食品株式会社

第11回日本パートナーシップ大賞優秀賞
case2●「健康手帳電子化システム開発」事業
**福島の子どもたちを被曝リスクから守れ！
〜児童養護施設のための健康管理ソフトの共同開発** 64
NPO法人福島県の児童養護施設の子どもの健康を考える会＋福味商事株式会社、宗教法人日本ルーテル教団

第11回日本パートナーシップ大賞優秀賞
case3●「天然石けんづくりで女性の収入向上支援」事業
**徹底的なこだわりが生み出した、
高い品質の石けんを生産する女性たち** 72
NPO法人シャプラニール＝市民による海外協力の会＋太陽油脂株式会社

第11回日本パートナーシップ大賞サンクゼール賞

case4 ● 金融基礎教育「マネーコネクション®」事業
若者のニート化予防をめざして ……………………… 80
認定NPO法人育て上げネット＋株式会社新生銀行

第11回日本パートナーシップ大賞オルタナ賞

case5 ●「小さな手仕事で被災地と世界を結ぶ協働」事業
ソーシャル・アントレプレナー達が、
動いた、つなげた、被災地の笑顔 ……………… 89
NPO法人遠野山・里・暮らしネットワーク＋株式会社福市

調査事例

case6 ●「せとしんプロボノプロジェクト」事業
地域の課題解決を「プロボノ」で応援 ……………… 98
コミュニティ・ユース・バンクmomo＋瀬戸信用金庫

case7 ●「日本の環境を守る若武者育成塾」事業
志の高い高校生を育成する環境教育プログラム ……… 103
公益社団法人日本環境教育フォーラム（JEEF）＋アサヒビール株式会社

case8 ●「ハートボールプロジェクト」事業
社会人野球の中古ボールが、地域と障がい者をつなぐ … 108
一般社団法人ジョブステーション西宮＋大阪ガス株式会社

case9 ●「自主簡易アセスの開拓」事業
企業と住民が環境影響について対話し、
適切な環境対策を立案するために ……………………… 113
NPO地域づくり工房＋金森建設株式会社、株式会社フォーラムエイト

第Ⅲ部　データで見る第11回日本パートナーシップ大賞

第1章 ● 募集プロセスおよび応募一覧 ……………………… 120
第2章 ● 審査プロセスおよび評価方法 ……………………… 127

■筆者紹介 ……………………………………………………… 134

第Ⅰ部

NPOと企業の協働
「パートナーシップ大賞」
10回を振り返る

岸田眞代

NPOと企業等による協働の社会的価値
～日本パートナーシップ大賞10回の歩みと分析

　2002年に第1回パートナーシップ大賞を創設してから、早13年の月日が過ぎました。2013年11月に記念の第10回を終え、いったんはパートナーシップ・サポートセンターとしての責任を果たしたという気持ちになっていましたが、「続けるべきだ」「続けてほしい」との声を多数受け、新たに日本NPOセンターの協力を得、両者の共催という形で2015年2月に新たな一歩としての第11回を実施することができました。

　10回から11回へ。言ってみればたったそれだけのことですが、もちろんこの間にもさまざまなことがありました。が、それは別の機会に譲るとして、まずはパートナーシップ・サポートセンターとして実施してきた第1回から10回までの、ひと区切りとしてのまとめをしておきたいと思います。

　1998年にパートナーシップ・サポートセンター（PSC）を設立した当時、「NPOと企業の協働推進」という、日本で初めてのミッションを掲げ、しかも名古屋に拠点を置くNPOが、全国を対象に10回にわたって表彰事業を展開し続けてきたこと自体に、大きな意味がありました。そのプロセスと成果を、できるだけ丁寧に整理しておきたいと考えました。プラスもマイナスも含めしっかりと記録に残しておこうと思います。後に続く人たちのために――。

第1章 「パートナーシップ大賞」とパートナーシップ・サポートセンター

　パートナーシップ・サポートセンター（以下、PSC）のミッションは、「すべての人が個人として尊重される豊かな市民社会の実現を目指して、地域における企業とNPOのパートナーシップを中心に、社会のさまざまな場におけるパートナーシップの形成に貢献します」と掲げています。

　PSCのコンセプトを図に沿って説明しましょう。
　NPO・市民活動にとって「市民が生き生き暮らせる地域・社会をつくりたい」という共通の想いはもちろん、98年にNPO法ができて以降特に顕著となったのは、「事業として成り立つようにしたい」という、ソーシャルビジネス・コミュニティビジネスなどの流れを含め「食べていける市民活動」として確立していきたいという大きな流れが生まれてきたことです。一方で行政は、少子高齢社会の中で税収は減少しており、公共サービスを共に担ってほしいというNPOへの期待や、公務員だけでは把握しきれない多様な動きの中で、まちや地域を共に創っていってほしいとの思いが生まれていました。また企業は、90年代以降数々の不祥事を経験する中で「企業市民」（コーポレート・シチズンシップ）という考え方が世界的な動きになり、環境や社会に役立つ事業を展開する企業が次々と生まれてきたのです。

　PSCは、こうした流れの中でNPOと行政、NPOと企業をつなぐ中間

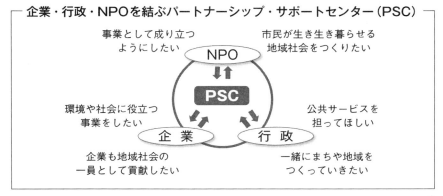

企業・行政・NPOを結ぶパートナーシップ・サポートセンター（PSC）

支援のNPOとして設立したのです。行政と市民活動（運動）との関係に比べ、特にこれまであまり注目されてこなかった「NPOと企業の協働」の推進に焦点を当てたことは、その前後に数多く誕生していた他の中間支援NPOとも一線を画すコンセプトだったと言えます。

　企業にこだわったのは、筆者自身が89年以降研修講師という立場で多くの企業に関わっていたことと無関係ではありませんが、企業が変わらなければ日本社会は変わらない、という強い想いと、NPOが単独で事業展開していく厳しさを当時感じ取っていたからでもあります。詳細はまた別の機会に譲ります。

「NPOと企業の協働」推進事業の展開

　さて、「NPOと企業の協働」推進としてPSCが実践してきた主な事業を紹介すると、①PSC設立前の1996年からNPOを理解する人材養成を基礎に、②設立当初から目指していた、NPOと企業の協働による地域や社会の問題解決のための事業を全国から収集して表彰する『パートナーシップ大賞』を2002年に実現し、③2006年にはその支えとなる、NPOから企業に協働アイデアを提示する「協働アイデアコンテスト」を現中部圏社会経済研究所とともにつくりあげ、④NPOと企業が一堂に会して協働や商談を展開する「協働マッチング」の場をつくり、⑤企

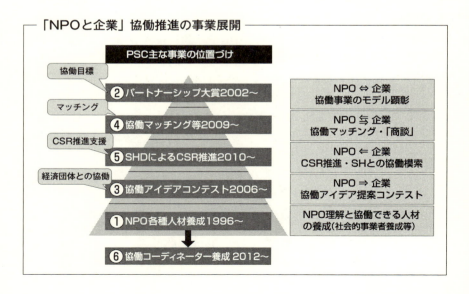

業側からもNPOとの協働を模索していくために「ステークホルダー・ダイアログによるCSRの推進」を仕掛けてきました。

そして、⑥協働を推進していく人材養成のために「協働コーディネーター養成の5つのステージ」をまとめ、それに基づく人材養成をはかってきました。

実は番号で示したのには意味があります。PSCが実際に展開してきたのがこの順番ではありますが、図をご覧いただいてお分かりのように、実は下からひとつずつ積み上げていけばもっとスムーズに協働を推進できるのではないかということです。PSCはまさに協働推進のパイオニア的な存在でもありましたから、私たちの先を行くモデルはまったくありませんでした。まさに試行錯誤しながらの道のりだったのです。

が、これからNPOと企業の協働を展開しようとする人や組織にとって、私たちの無駄？とも言える試行錯誤の時間を短縮して、あるいは私たちを踏み台にしてもっと賢く有効に協働を進めていただきたいという想いでもあります。

PSCの実践と理論形成の歩み

ちなみに、これまでPSCが実践してきた協働推進の主な内容（事業）とその理論化への歩みを挙げてみると、ざっと以下のようになります。

設立前の1996年・97年を皮切りに海外調査（NPOと企業の協働調査）を何回か進め、98年の設立では、CSRが叫ばれるずっと以前のPSCレポート創刊号ですでに「企業の社会的責任」を明確に掲げ、99年・2000年と続けたアメリカ視察のなかで、ドラッカー財団やハーバード大学オースチン教授との出会いがあり、「パートナーシップ類型」（チャリティ・トランザクション・インテグレーションの3タイプ）[*1]を図式化。1999年3月から始めたNPO喫茶の経験をもとに作成した「パートナーシップ評価」を発表（2000年9月）。2001年3月には「日本NPO学会第3回大会」で報告し、高い評価を受けたことが、「パートナーシップ大賞」実現へ後押しをしてくれることになったのです。

2001年には愛知県の委託調査として「企業とNPOのマッチング意向調査」を実施。全国初の本格的な協働調査として、企業の6割が社会貢献活動を実施しており、4社に1社はNPO等との関わりがあることも分かりました。この調査をもとに「協働を始める5つの心得」を提示しました。この調査はのちに全国から問い合わせが相次ぎ、また当

時経団連関係者のひとりで阪神淡路大震災でも市民やNPOとともに大活躍されたT氏(2005年没)にも、社会貢献という位置づけではなく「企業がNPOと協働するという新しい着眼点」に驚きと高い関心を持って受け止められました。

そして2002年6月に第1回の「パートナーシップ大賞」を実施。これについては後で詳しく触れていきます。

2005年にはヨーロッパにCSR視察を行い、この時得た情報を活かしつつオリジナルの「CSRとNPOの関係」(楕円図)[*2]を図式化しました。これは、企業が企業市民としてや社会貢献という位置付けからだけではなく、ガバナンスや本業といった企業のどの分野でもNPOとの協働が成り立つことを明らかにしたものですが、同時に、理論としてだけではなく、それを「CSRからみた企業とNPOの関係」として「パートナーシップ大賞」入賞事例のなかにすでにそれらの事例があることを証明していきました。(「CSRに効く！企業＆NPO協働のコツ」(2007年風媒社)参照)また、過去の「パートナーシップ大賞」受賞企業、NPO双方から改めてアンケートをとり、その後の変化や発展、成長、協働のコツなどをまとめていきました。特に、私たちが当初からこだわった「協働を愉しめたか」について「大いに」87.9％、「まあまあ」6.1％、合わせて94％が協働事業を愉しんだという事実は、「パートナーシップ大賞」を実施する私たちを勇気づけるものでした。その中で「成長できた」という人も「大いに」が66.7％、「まあまあ」が24.2％と併せて9割を超えており、協働の持つ意義を大きく膨らませてくれるものとなりました。

またこの時、企業がCSRとして取り組むべき内容と、NPOの活動分野はおおいに重なっており、だからこそ企業のCSR推進は、企業が企業市民として何をなすべきかを考える時、「地域課題をNPOとともに」というキーワードを提示してきました。これは今でも活きています。

前後しますが、2006年には大企業が発行している環境報告書やCSR報告書を取り寄せ、そこに書かれているNPOとの関係などを調べ「CSR報告書100社分析」としてまとめました。これ以降、企業が発行するCSR報告書等にはNPOという文字がそれまでに比べ数多く見られるようになっていきました。

2008年には環境に関する協働調査などをするなかで「協働の場づくり」[*3](図)を発表。これは企業とNPOの協働に行政がどう関わるべきかを具体的に提示したものです。しかしなかなかこれをしくみとして取

M社 NPO喫茶　事業評価

	M社 企業	M社 前任者	NPO A	NPO B
①協働で何が実現できたか	4	5	3	5
②それぞれの組織のミッションに合致しているか	4	5	3	5
③外部にどんな影響を与えたか、またその評価は	3	5	2	5
④それぞれが足りないものを埋めることができたか	4	4	5	3
⑤それぞれが前進・成長したか	3	4	5	5
⑥協働のプロセスを楽しめたか	2	4	1	5
⑦どんな役割分担をしたのか、それは十分だったか	3	4	3	4
⑧互いをカバーできたか	2	4	3	3
⑨新たな発展の可能性を見つけることができたか	2	5	1	4
⑩事業を継続できるか、次の事業を計画できるか	3	3	1	5
総合得点	30	43	27	44

り入れて成功している行政は、残念ながら寡聞にしてまだ知りません。2010～2011年には「ステークホルダー・ダイアログによるCSR推進」のオリジナル手法を確立。2014年にはここから中小企業のNPOとの協働による商品開発までをサポートすることができました。「会社と社会の相関関係」[*4]（2011）の図式化、「協働推進5つのステージ」[*5]（2012）は経産省事業から生まれたノウハウのいっぱい詰まった「協働推進と協働コーディネーター養成のしくみ」を明らかにしたものです。

　　＊1～5は第8回事例集「NPO×企業　協働のススメ」参照

　さて、「パートナーシップ大賞」に入る前に、先ほど述べた「パートナーシップ評価」について、日本NPO学会でも発表した、M社「NPO喫茶」の事業評価の例を紹介しておきましょう。

　『パートナーシップ評価』に対する基本は、実際に自分たちが関わっていたNPO喫茶の実践から生まれました。（現在も形を変えて継続中）
　企業から相談を受けて、採算が合わず閉鎖していた企業ビル内の喫茶店を、NPOが運営することで、運営するNPOにとっても、また福利厚生施設のひとつとして復活・機能させたい企業にとっても、有益な場所にしていくために「協働」という形を提起し、具体化していったのです。
　事業についての詳細は「NPOと企業　協働へのチャレンジ」（同文

舘出版　2003.3)および「企業&NPOのためのパートナーシップ・ガイド」(PSC　2001.3)に譲りますが、この事業の中で事業に対する評価をNPO、企業それぞれに試みてもらいました。実際に立ち上げからかかわったM社前任者とNPO　A（女性団体)、そして後から加わったM社企業（担当者)とNPO　B（障害者団体)と。それぞれの想いや立場が、事業そのもの、そして評価に色濃く反映していることがわかりました。
　実際にその時つけた点数が前ページの表の通りです。
　この点数の違いがどこから生じたのかを当時NPO学会で発表した資料（筆者小論文「NPO評価・企業評価・パートナーシップ評価」)から引用しておきましょう、
　「この違いはどこから生じるのか。最初に関わる時点で、それぞれ企業に対して求めるものがすでに違っていたということもできる。NPO：Bは情報収集・発信力や企画力を求めていたのに対し、NPO：Aは資金力やネットワークをあげている。と同時に、そこから協働事業で何を生み出そうとしているのかという視点の違いも影響していると思われる。
　また、企業と各NPOの関係性、NPO間の関係性など、それぞれに寄せる思いがこの『評価結果』から読みとれて、とてもおもしろい。また、実際にインターミディアリーの立場で関わっていると、組織の代表と実際にお店で働くメンバーとのあいだの微妙なずれも感じることができ、『評価』はこれだけですべてを判断することはむしろ危険であるともいえる。」
　「企業にとってもNPOにとっても、自分たちの目的を確認し、さらに生き生きとした事業として手を結ぶために、それぞれの求めているものをしっかり把握しあうことが、パートナーシップの必要条件といえるではないだろうか。」
と記しています。
　このM社NPO喫茶は、パートナーシップ類型のうち当事者間の「トランザクション」と位置づけ、またこの時別途調査したY社の事例（人形劇センターとの協働）は「インテグレーション」と位置づけましたが、この時使用したオリジナルの評価シートがもとになって「パートナーシップ評価」へと発展していったのです。

「パートナーシップ大賞」〜その評価プロセス
「パートナーシップ大賞」事業がめざすもの

　さて、改めて「パートナーシップ大賞」について触れていきましょう。
　1998年7月にパートナーシップ・サポートセンターを立ち上げてからじっくりと温めてきた企画が「パートナーシップ大賞」事業です。設立当初から筆者自身の企画の中にはありましたが、企業からもNPOからも、「自主的な活動を勝手に評価などしてほしくない」というのが、その大きな壁になっていました。

　しかし、NPO学会での発表が好意を持って受け入れられたこと、そして「評価」というキーワードがNPO活動の中に取り入れられるようになってきたこと等を背景に、私たちの活動もあって「NPOと企業の協働」は徐々に浸透し始めていきました。

　2000年度には「PSC評価検討委員会」を設け構想を練り、2001年度には「パートナーシップ大賞準備委員会」として、評価基準の検討、審査委員の委嘱、全国の協働事例の発掘などを進めていきました。

　もちろん当時は、アメリカ視察で大いに刺激を受けていました。企業に対する評価活動がNPOの側からさまざまに展開され、その指標が規模や売上高だけではない、今でこそ当たり前ですが、環境への配慮や地域への貢献といったものが企業評価の指標になっていたのです。NPOに対する行政や企業からの評価ばかりに気を取られがちだった当時の私たちにとって、それは少なからず衝撃でもありました。

　「パートナーシップ大賞」事業は、そうした想いを現実のものにしていくために自主事業として立ち上げました。

　「パートナーシップ大賞」が目指すものは、「企業とNPOの協働の可能性を示し、協働の意味や価値、大切さを社会にアピールし、両者の協働を推進することによって社会の課題を解決する」ことであり、それは「NPOからみたCSR（企業の社会的責任）の推進」という位置付けでもありました。　また、企業に対しては、新しい視点から「いい企業という評価基準」を提示し、従業員にとっても「自社に対する誇り」が持てるようにとの想いを込めました。

　一方NPOに対しては、企業との協働によってNPOだけではなかなか実現しない「一回り大きな活動」が可能になり、「社会的認知・寄与」が格段にアップする可能性を示唆しました。もちろん、NPO自身の「組織的な見直しや発展」ひいては「NPO全体の底上げ」にもつながると

確信していました。それはとりもなおさず「協働できる自立した組織」づくりにも貢献することになると考えました。

グランプリまでのプロセス～現地調査のオリジナルな工夫

　2001年春に立ち上げた「パートナーシップ大賞運営委員会」は、パートナーシップ大賞の目的と意義を明確にし、実施要綱や評価基準などについて繰り返し検討を重ねていきました。2002年2月、全国に向けて「第1回パートナーシップ大賞」の募集を開始。2ヵ月間の募集期間を経て、最終的に35の協働事業が集まりました。20もあれば大成功との想いを見事に裏切り、うれしい誤算でした。

　さて、グランプリ決定までの流れについて触れておきましょう。

　NPOと企業の合意によって作成された応募書類（つまり、片方の意思だけでは応募できない）を1冊にまとめ、大賞運営委員会の調査メンバー・審査委員がすべての事業に目を通すことから始まります。第1回ではこれらをドラッカー財団の「企業とNPOのパートナーシップ3類型」とPSCオリジナルの5つの観点（目的共有度、対社会への働きかけ、協働の感覚、戦略度、関係期待度）を組み合わせた評価基準をもとに、35事業それぞれについての評価を数値化していきました。

　その後、見直し・改善等が加えられ、第10回では書類審査は目標設定・先駆性・協働度・達成度・成長度・インパクトの6項目に落ち着きました。調査メンバー10名余がそれらを持ち寄り1日かけて予備審査した結果を、翌日審査委員に報告し、審査委員が改めて議論し結論を出すという方法で行いました。調査メンバーによる議論は時として2日に及ぶこともありました。

　書類審査を通過した事例が第2次の現地調査対象事業となります。第1回では11事例が残りました。回ごとにその対象数は異なりますが、ほぼ10前後を目安としました。

　その書類を通過した事例に対し、現地調査では、PSC調査員が2名1組となり、企業・NPOをそれぞれ個別訪問し、当該協働事業について掌握している担当者に直接聞き取り調査をします。

　が、その時の奥の手とでもいうべきなのが「自己評価シート」です。その場で、企業、NPOそれぞれの事業担当者に自己評価シートに記入してもらいます。このシートは調査員が持っている調査票の簡易版に

自己評価項目（現地調査）

目標設定		事業結果	
・O1	目標設定	・R1	目標達成
・O2	ミッション	・R2	合致度
・O3	自己評価	・R3	役割補完
・O4	相手役割	・R4	成長度
・O5	他者認識	・R5	ネットワーク
・O6	社会認識	・R6	継続度

経過		インパクト	
・P1	マネジメント	・I1	インパクト
・P2	危機管理	・I2	満足度
・P3	愉快度	・I3	気づき
・P4	役割分担	・I4	発展性

なっていて、目標設定、経過、事業結果、インパクトについて全部で20項目が記載されています。それらについて担当者の主観をもとに4段階で自己評価してもらうのです。サラサラっと書く人もいれば、考え考え……という人もいます。

　調査員はその状況を観察しながら、自己採点の根拠や裏付けをヒアリングし、現状や本音を探り出していくのです。書類だけでは見えなかったさまざまな状況が見えてくるのも、この現地調査あればこそなのです。これがのちに事例集として提供される各事業紹介の大きな要素やヒントにもなっていきます。まさに調査員としての腕の見せ所であり、いかに相手の本音を引き出していくか、本質を見極めていくか、その醍醐味を味わえる場でもあります。

　なお、この調査項目の設定には、大きく分けて「事業性」を評価する視点と「協働度」（協働の度合い）を評価する視点の2つが盛り込まれています。調査員2名はそれぞれの評価結果を踏まえて話し合い、チームとしての評価点にまとめます。この時、各項目の評価点の根拠となるべきコメントを付記し、最終審査の判断材料となるように調査表を作成していきます。

　実は、調査員を2名にしていること自体、評価が偏らないようにとの意図はありますが、同時に基本的に必ず2事例以上を別の調査員と調査できるようにしくみをつくっていることにも意味があります。

　というのは、評価の基準は設けているにせよ、それぞれが自分の目や視点で評価するのは当たり前で、評価が全体に甘くなってしまう人、逆に厳しくなってしまう人、見方が偏ってしまう人など、その人の個性や特性がどうしても出てしまいがちです。したがって、それらを是正する場が必要になります。2事例以上を別の人と調査することで、異なる視点が入りそれらの比較が可能となり、全体としての評価バランスが保たれる可能性が大きくなってくるのです。そしてチームとしてつけた評点

の妥当性を、調査メンバー全員による調査委員会ですり合わせ吟味していきます。なお調査メンバーは、大学教授・准教授、NPO支援センター代表・職員、企業現役・リタイア、元行政職員などが、幅広く自主的に参加してくれています。これもまた「パートナーシップ大賞」を支える大きな力となっています。

調査委員会で議論された内容を参考にしながら、審査委員による議論を経て最終審査に進む事業を決定していきます。

ただし、この時、活動内容や成果・協働度はもちろんですが、企業・NPOの規模や地域、過去の事例など、いろんな要素を加味して最終的に判断してきました。したがって、別の回なら最終選考に残れたのに……というような例は、残念ながらいくつもあったと思います。もちろんその逆のパターンも含めて。ただ、調査メンバーの現地調査を尊重しながらも、最終的に審査委員の合意によって最終選考に進む協働事業を決定してきました。

審査委員の特筆すべき特徴

この審査委員にも大きな特徴があります。その1つが前年度のグランプリ受賞者に必ず1名入っていただいていることです。企業の方の時もあればNPOの方の時もあります。それはグランプリ受賞者で基本的に決めていただくのですが、全体の審査委員バランスや協働事業への関わりなどを考慮してNPOか企業かを決めてお願いすることもあります。

いずれにしても、この前年グランプリ受賞者は一様に、自分たちが前年どのように審査され、どのように受賞に至ったのかを、審査委員になることで追経験することになり、グランプリという評価へのプロセスを実感として受け止めていただけるというのが最も大きな特徴です。そうした立場で審査委員になっていただいた人は必ず、審査状況を見てかなり驚かれるのです。「ここまでしっかり審査していただいていたんだ」というのがその大きな理由です。1次、2次ともに調査メンバーと審査委員の、真剣な2日間にわたって繰り広げられる予備審査・審査の様子を目の当たりにして、正直圧倒され畏れさえ抱かれる方もいます。

このグランプリ受賞者による審査委員は1年限りですが、その他のメディア関係者や大学教授、専門家らの審査委員は基本的には3年間を基本としてきました。なぜなら、審査というのは「絶対はない」という基本を貫いてきたからです。人が判断することですから、絶対はないと同

時に、時代によって求められるものも違ってきます。もちろん世の中も変化しています。それらすべてに対応できるわけではありません。それぞれの専門分野も異なります。したがって、人（審査委員）が変わることによって、見方や考え方が違うことをむしろ良しとしてきました。だからこそ多様な意見が採り入れられ、それを反映して偏りなくグランプリや入賞者等もバラエティに富んできたと言えるのではないでしょうか。

　また、東日本大震災の時には、「パートナーシップ大賞」そのものの実施についてもいろんな考え方や見方があり、内部でも議論が巻き起こりました。審査委員のなかにも「今はやるべきではない」と辞退された方もいましたが、真剣な内部討議の末、「今こそやるべき」と敢行してきたという経緯があります。

　とはいえ、決して本来の「パートナーシップ大賞」の意図や趣旨そのものが変化したわけではありません。むしろ変わらないということにこそその価値を見出してくれる人たちもたくさんいるのです。「変化」と「首尾一貫」のバランスこそが、「パートナーシップ大賞」を支えてきたと言っても過言ではありません。

最終プレゼンと会場参加～あなたが選ぶグランプリ

　最終審査は、第2次審査を通過した事業について行われます。第1回、第2回では企業とNPOの双方の代表者で1事業10分というプレゼンテーションの時間でしたが、10分では短いとの意見が出て、その後第3回から15分になりました。また第1回では、担当者が既に異動してしまって企業代表者が出てこないという事例が1つありましたが、その後は、基本的に両者で行うことを義務付けました。なぜなら、この事業はあくまで「パートナーシップ」を競う事業ですから、NPOだけ、企業だけが頑張って獲る賞ではないのです。

　現地調査の得点を基礎点（160点）とし、最終プレゼンの40点を加えて合計200点満点という評点をつけて行われました。第1回では「車いすの集配・はこび愛ネット事業」が、持ち点147点にプレゼンの32点を加えて計179点で『大賞』に選ばれ（この時はグランプリという表現はしていなかった）、その他の事業はすべて入賞（『パートナーシップ賞』）ということになりました。つまり、すべて入賞が決まった6事例のなかから、当日『大賞』を選ぶという方法にしたのです。もちろん、その他の

事業にもすべて評点はつきました。例えば第1回で惜しかったのは、2点差で大賞を逃した事業ですが、パートナーシップ賞に差はつけなかったため、大賞以外の順位は明らかにされませんでした。
　その後、表彰時に順位が分かるようになっていった経緯がありますが、元来順位をつけることが目的ではありません。とはいえ、近年とみにグランプリと2位の差が小さくなっている傾向があり、第10回では『準グランプリ』という形で、その僅差を表現しています。ほぼ最終段階まで甲乙つけがたいという傾向が顕著で、それは会場参加者の評価をみても互角という結果が出ています。同点決勝で審査委員長が最後を決したという例も出ています。なお、審査委員長はこれまで基本的にNPO学会の関係者らにお願いしてきた経緯があります。
　ちなみに、当日会場参加者による審査を行っています。プレゼンを見て、事業内容と発表の表現という2つの視点で評価をしていただきます。もちろん会場審査は、当日の参加者のうち、あくまで希望者だけで強制はせず、すべてのプレゼンを見た人だけに参加資格があり、たとえ点数を付けなくとも『あなたが選ぶグランプリ』を選ぶことができるようにしています。その結果は審査の席上に直ちに報告されています。ただし、それによって即結果が変わるという訳ではありません。あくまで「審査の参考にする」という位置付けを堅持してきました。
　その理由は、この評価への参加率は結構高いのですが、当日のプレゼン発表の事業関係者もいるため、偏りが出ないとも限らないためです。必ず評価シートには評価者の名前と所属を記入していただくことでできるだけ弊害が出ないようにしていますが、これも直接会場参加者の票を加算しないという枠組みを設けた理由のひとつです。
　もうひとつの大きな理由は、「パートナーシップ大賞」は、当日のプレゼンだけで審査が行われる訳ではなく、それ以前に時間も人もお金もかけて現地調査をし、その基礎点のうえにプレゼンという当日の表現力が加算されるというしくみのため、当日だけのプレゼンだけで判断するしかない会場参加者の評価を直接反映させるという形はとりませんでした。
　最終審査はプレゼンだけですから、その出来いかんで大きく評価は変わります。どうしても大企業の方がプレゼン慣れしていることが多く、そこだけでの判断で中小企業やNPOを低く見たり切り捨てることは避けようと考えてきました。ただ、最近では特に大企業はNPOと協働し

ていて当たり前、と考える人も多く、大企業に対しては相対的に評価が厳しくなるという状況もないとは言えません。
　こうした判断は結局その時の審査委員の考え方に左右されることが多くなります。が、それはある程度やむを得ないと考えるしかありません。したがって、前述の通り、審査委員を固定しないということもその弊害から守るひとつの方法と考えてきました。もちろん、それがプラスに出る場合もマイナスに働く場合もあるということを理解した上で、だとは思っています。

第2章 NPOと企業の協働、歴代グランプリ事例とその到達点

　2章ではまず、「日本パートナーシップ大賞」のグランプリ事業を中心に、第1回から10回までを振り返ってみたいと思います。
　各回の調査事例はすべて事例集（P50・51参照）に収めていますので、事業内容等を詳しく知りたい方はぜひ事例集をお読みいただきたいのですが、ここではその事業がなぜグランプリに選ばれたのか、成功のポイントなど、筆者の記憶と記録に残っている範囲でまとめてみたいと思います。
　まずはその到達点を数字からみておきましょう。

　10回を通しての協働事業の応募は272事業でしたが、そのうち最終審査に進んだ入賞は、第10回の5事業を除きあとは6事業で計59事業。そのなかからグランプリ（「大賞」を含め）が10事業になりました。（当たり前ですが）
　また10回の応募NPO等の数320団体、応募企業等の数530社のうち、入賞はNPO63団体、企業172社＋aになっています。＋aというのは、応募時に「36店舗」「その他」と記されていたような場合で、特定できない場合を指しています。NPO側にはそれは全くありませんでした。
　また入賞事例に限って言えば、NPOと企業が1対1の協働が41（69.5％）、1NPO対複数企業が15（25.4％）、複数対複数が3（5.1％）という結果になっています。
　応募地域は全体で47都道府県中37都道府県に（78.7％）なりましたが、入賞事例だけで数えると26都道府県（55.3％）です。半分以上の都道府県で入賞事例を出しています。このうち、東京が23事業、ついで大阪9事業、愛知6事業と、確かにいわゆる都市圏が上位にきています。が、以下、北海道、宮城、京都がそれぞれ4事業、長野と岐阜が各3事業、岩手、神奈川、茨城、静岡、兵庫、福岡の6県が各2事業と、都会であろうとなかろうと、全国どこの県でもチャンスがあることを示していると言えないでしょうか。
　ちなみに、グランプリは、第1回から順に、北海道、新潟、静岡、兵庫、滋賀、大阪と東京、長野と茨城と東京、京都と大阪、三重、長野となっており、グランプリを2回獲得しているのは東京、大阪、長野の3

都府県となっています。

※なお記録しておかなければならないのは、「パートナーシップ大賞」の実施に当たっては、当初第1回〜第3回は、1年半おきの開催、第3回、4回はさわやか財団による一部助成を得ての開催で、第4回には堀田力氏（さわやか財団理事長）も名古屋に駆けつけてくれました。また、第4回には日本財団（CANPAN）が参加してくれ、感動した担当者の計らいで財団としての助成を申し入れてくれ、第5回、6回（一部助成）と続けて実施。しかし2009年はリーマンショックの影響で企業協賛が集まらなかったこともあり開催に至らず、1年空白となりました。2011年の東日本大震災時も開催が危ぶまれましたが、先に述べたように議論を重ねた結果敢行したという経緯があります。

協働成功のポイント

それでは順番に見ていきましょう。あくまで「パートナーシップ大賞」主催者側から見た記憶と記録です。

〈第1回グランプリ〉

2002年6月15日に記念すべき「第1回パートナーシップ大賞」が、名古屋市にある河合塾の会場をお借りして開催されました。大賞（グランプリ）に「車いすの集配・はこび愛ネット」事業（北海道）が選ばれましたが、この時最終審査に残った事業は、「協働が評価される」というまったく初めての経験のなかで、そしてそれを主催する私たち自身が不慣れななかで、しかし本当にどの事業関係者もすばらしいプレゼンを行ってくれました。

まさにその感動が、今に続いているのです。この「パートナーシップ大賞」事業自体が「すばらしい」「続けなければ」「続けられる」と自ら

実感できた回でもあったからです。

　審査委員には今は亡きせんだい・みやぎNPOセンター代表理事の加藤哲夫氏もいて、終了後の懇親会では「自分のところでも何かやりたい」とおっしゃっていたのを思い出します。審査委員席は同じ会場の隅っこに設けた簡易のものではありましたが、NPOと企業の協働を評価し表彰するという、初めての試みとその意義に深く共感してくれたのです。

　その時の『大賞』（のちのグランプリ）が、北海道札幌からはるばる名古屋にまで来てくれた「飛んでけ！車いす」の会の吉田三千代さんとそのパートナーである札幌通運の佐々木正造さんと佐藤和男さんでした。この事業は、日本で不要になった車いすをベトナム・タイなどアジア各国の障がい者に、海外旅行者等にボランティアとして手を借りて届けようというNPOの活動で、車いすの保管場所を企業の労働組合の人に相談したことから始まった協働です。その時に真摯に受け止めてくれたのが当時労働組合書記長の佐藤さんでした。

　この時の感動は今も忘れられません。事業に関係するすべての人たち（車いすを提供する人、それをもらう海外の障がい者、ボランティアで届ける海外旅行者、札幌通運の労働組合、従業員のボランティア、そしてそれを進める札幌通運と「飛んでけ！車いす」の会）が、本当にハッピーだと感じられる事業でした。

　実は佐藤さんが2015年6月急死されたという悲しい知らせが入ったのですが、NPOは、おそらく佐藤さんなしに活動が続けられなかったのでは……と思う程の深い関係にありました。それがこの最終プレゼン時の発表でも十分感じられるものでした。「札通さんとは仲良しです」という吉田さんのことばがそれを象徴していました。発表の時、佐藤さんは舞台下で写真を撮ってはいましたが。NPOとともに労働組合が起点になった事業は、あとにも先にもこれひとつでした。

　その後も紆余曲折はありながらも、十数年たった現在に至るまで協働事業は継続しています。ただ、これまで頼りにしていた佐藤さん亡き後、どのようにイコールパートナーとして成長していくか、というのがNPO側の大きな課題でもあります。

〈第2回グランプリ〉
　「第2回パートナーシップ大賞」（2003.11.23）は「地域メディアフル活用のNPO情報発信」事業（新潟）で、くびき野NPOサポートセンターと

上越タイムス紙、エフエム上越、上越ケーブルビジョンの企業3社との協働でした。

この事業は、実は第1回にも応募してきていたものでした。「くびき野」という新潟県上越市を中心とする地域で、タブロイド版の日刊紙の紙面をNPOに提供するという事業です。1回からさらにバージョンアップしての応募でした。

特筆すべきは、当日のプレゼンのNPOと企業が、実に対等な5分と5分の関係を見事に表現していたことでした。実務を担っている者同士、現場をよく知っていることが当たり前の上に、NPOはその中で編集や広告取りのプロとしての実力を身に付け、企業はNPOとの切磋琢磨のなかで成長していくという、協働のすばらしさを体現してくれているようでした。

もちろん、その中で、廃刊をも視野に入れざるを得なかった地方紙が、部数を3倍に伸ばし、全国的にも注目される新聞になっていったという事実を、私たちは知っています。1ページから2ページ、2ページから4ページへと、担当ページが増える中、NPOの役割がさらに大きくなり、2005年にはわずか20万人の地方都市（上越市）では絶対無理と言われた1000人規模の「NPO全国フォーラム」を開催したのです。そこにこそ『大賞』の価値があったと言えるのかもしれません。そうだとしたらうれしいことです。

その後も「くびき野サポセンの宝」というべき事業としてNPOの活動を地域に発信し続け、2015年5月には700号を数えるまでになりました。協働は地元のケーブルテレビにも波及し、市民自らが制作した番組を放送したり、また毎年のように全国各地の新聞社がNPOや企業に視察に訪れたりしています。2012年には上越市で市民メディアの全国集会が開催されたり、この事例を分析した著書が学会で高い評価を受けるなど、今でもメディア関係者の注目を集める協働事例となっています。

〈第３回グランプリ〉

　「第３回パートナーシップ大賞」(2005.6.18)は、「ビーチクリーン作戦＆子ガメ放流会」でした。静岡県浜松市が舞台です。NPO法人サンクチュアリNPOとヤマハ発動機株式会社の協働です。
　この協働の大きな特徴は、たった１人の企業担当者の「NPOの協力を得て、環境への取り組みを始めよう」という決意で10数名で始まった事業が、十数年の歳月をかけてグループ14社1200人を巻き込む事業に成長させていったところにあります。
　もちろんその活動は、絶滅危惧種といわれるアカウミガメを、子どもたちの豊かな感性を育てるために残そうと、毎朝４時から１日も欠かさず活動するサンクチュアリNPOの馬塚丈司さんたちの献身的な活動抜きには語れません。
　四輪駆動車が海岸に轍を作りカメがそこに落ちてしまう。カメが困っていることをなくそうと企業と一緒にクリーン作戦を行ってきたのです。
　「地球は最大のステークホルダー（関係者）」という気づきを与えたこの協働は、ちょうどCSR元年（2004年）を契機にCSRに舵を切っていこうとしていた大企業に、志さえあればたった１人からでも変えられる、動かせる、ということを顕著に示した事業でもありました。
　その後もヤマハ発動機株式会社との協働は続き、26年目を迎え、ビーチクリーンアップと子ガメ放流会だけではなく、８年前からは減少が進んでいる砂浜の回復事業にも着手し、効果をあげています。最近は協働の輪が広がり、高校生や楽器のヤマハ株式会社、さらに韓国自動車関連部品メーカーの共同事務所（名古屋）も、日韓共同によるCSR活動のひとつとして加わり、発展を見せています。

〈第4回グランプリ〉

第4回には「さわやか福祉財団」の堀田力氏も名古屋に駆けつけてくれた。

「第4回パートナーシップ大賞」（2006.11.11）は、「企業ができるこどもたちへの環境学習支援」（兵庫）でした。NPO法人こども環境活動支援協会（LEAF）と、誰もが知っている大企業から地元の中小零細企業まで30社を巻き込んでつくった「LEAF企業プロジェクト」による協働事業です。

　この事業の特徴は、LEAFそのものが西宮市の呼びかけで市民、事業者、行政の協働で設立されていることです。「環境学習を通じて持続可能なまちづくり」をめざし、「衣」「食」「住」「エネルギー」「びん」「文具」という6つのテーマにそれぞれの企業が参加して、生産から流通、消費、廃棄・再生までのプログラムを創り上げ、子どもたちに体験・参加してもらおうというものです。

　当初1人の公務員であった小川雅由さん（応募時はLEAFの事務局長）の熱意が多くの企業を巻き込み見事に結実した事業でもあります。が、最終発表に企業側として参加した大栄サービス株式会社の赤澤健一社長が、終了後の交流会の席上「我々のような廃棄物の会社が行政に認められるようになったのもNPOとの協働のおかげ」と語った姿を今も忘れることができません。

　その後この事例はESDの取り組みモデルとして全国にも紹介され、さらに都市近郊の農地を教育の場として展開するなど、地元に根付いた企業等との連携は継続性が高いことを証明し続けています。また大栄サービス（現リヴァックスホールディングス株式会社）は、受賞をきっかけに社会貢献やCSRの必要性が社内に浸透し、業界ではいち早くCSR報告書を発行。市民とのごみ減量の取り組みはもちろん、農地の活動でもNPOとの協働が進み、本業のステップアップとともに事業・業績の成長が続いています。

〈第5回グランプリ〉

「第5回パートナーシップ大賞」(2007.11.10)は、はじめての東京での開催となりました。第4回に参加して「パートナーシップ大賞」事業に関心を寄せてくれた日本財団CANPANが、「ぜひ助成を」と申し出て下さり、最終プレゼン・表彰式の会場も提供してくれました。

この時のグランプリが、「点から線へ、線から面へのまちづくり」(滋賀)でした。

「石坂線21駅の顔づくりグループ」という、法人格ももたない10人くらいの小さなNPOと、京阪電鉄とはいえ大津鉄道事業部という200人くらいの組織との協働です。

この事業の大きな特徴は、行政がきっかけを作ったことです。詳細は事例集(「点から線へ、線から面へ」(2008年風媒社))に委ねるとして、「石坂線」という14.1km、21駅の、滋賀県大津市内を走る路面電車を、特に沿線の高校や大学など通学の足として「廃線にしてはいけない」という市民の想いを、沿線の学校等多くの人々を巻き込んで、ユニークな路面電車にしていったのです。

本業そのもので協働した京阪大津鉄道事業部の人たちの本気度とともにNPOのアイデアあふれる協働になりました。駅の利用や電車そのもののワクワクするイベントとは別に、「電車と青春・初恋　21文字のメッセージ」は毎年募集。書籍にもなり、いっときで青春に戻れるような短くも温かいメッセージがぎっしり詰まっています。

その後、京阪大津事業部で中心的役割を果たしていた木村氏が異動になり、方針も一部変わったりしています。が、NPOは今も駅の掲示板事業などを継続しており、「10回実施」を目標に掲げてきた「21文字メッセージ」事業も今年10周年。昨年の応募は5000通を超えるまでになり、地元から「さらに続けよう」との応援の声があがり、「電

車と青春21文字プロジェクト」が、京阪を含む地元企業を巻き込んで立ちあがるなど、新たな展開を見せています。

〈第6回グランプリ〉

「第6回パートナーシップ大賞」（2008.11.23）は際立ってグランプリ候補の多い回でもありました。企業やNPOの代表者がプレゼンに来ていればもしかしたら……という中で、見事グランプリを制したのは「地域社会の防災力の向上に向けた協働事業」（大阪・東京）でした。まさに発表直前まで真剣な打ち合わせをしていたNPOと企業の、見事な関係を示したプレゼンの勝利、と言ってもいいかも知れません。

そのNPOが大阪のNPO法人プラス・アーツであり、企業が東京ガスです。大阪と東京〜遠く離れた2者が繰り広げた協働はこの事業の大きな特徴でもあり、協働の幅広さ、奥行きを感じさせるものでもありました。

30社以上に事業提案のFAXを送ったNPO。そのなかで唯一反応した大企業。そこには「熱意（パッション）」と「フォーカスエリア」があったのです。

「防災の日常化」をめざす、NPOのまっすぐな目を見てそれに応えなければと思った企業担当者。その担当者にはこれまでどうしても解決できない「安心・安全なまちづくり」を人々の意識を変える意義あるものにできないものか、という課題を抱えていたのです。防災というフォーカスエリアは見えていた企業にとって、啓発イベント『イザ！カエルキャラバン！』は願ってもない事業だったのです。

そこから生まれた「ドロップス」、そして大判のハンカチは、NPOのアート力とアイデアが活かされ、東京ガスという大手企業による「量」の力によって、地域の防災力を確実に高めていく役割を果たしていきました。（詳細は事例集「NPO＆企業 協働の10年」（2010年サンライズ出版））

プラス・アーツは大阪から兵庫県に拠点を移し、企業の担当者も代わりましたが、その後も協働は継続しており、毎年東京と横浜で「イザ！カエルキャラバン！」を開催。東京ガス社員向けの防災啓発キャンペーンも継続実施しています。「防災の日常化」の視点は、他の多くの企業や行政の注目と関心を集め、東京メトロや埼玉県等でも、防災啓発活動への取り組みがそれぞれに進行しています。NPOの積極的な提案とアート力で協働の輪は確実に広がっています。

〈第7回グランプリ〉

　「第7回パートナーシップ大賞」（2010.11.27）は、「モバイル型遠隔情報保障システム普及事業」（長野・茨城・東京）という、地域だけでなく、大学という専門家を巻き込んだ協働になりました。しかもこの事業の特徴は、実は私たちPSCが「パートナーシップ大賞」のために仕掛けた「協働アイデアコンテスト」から生まれた、はじめてのグランプリでもあったのです。
　「協働アイデアコンテスト」というのは、NPO側から企業に対して一緒にやりませんかという、協働のためのアイデアを競うもので、2006年度（2007年2月）から始めたものです。その第2回に応募してきたのが、NPO法人長野サマライズ・センターで、最優秀賞を獲得。それをテコに、メディアに載せ、国立大学法人筑波技術大学とソフトバンクモバイル株式会社に声を掛け成立していった協働です。

　長野の1NPOが、遠く離れた国立大学や大手企業を巻き込んでいくにはそれ相当の覚悟と苦労がありました。障がいのある人こそインターネットから多くの恩恵を受けるべきだと、「ともに研究開発を」と提案したNPOと、CSRの一環として社会投資プログラムで課題解決を模索する企業。しかし当初は研究開発の事業は認められなかったのです。ようやく新設の研究開発コースで採用さ

れたものの、今度は自前で研究者を見つけなければならないという難問にぶつかりましたが、これまでのつながりで何とかクリア。ICTの活用というキーワードで3者の協働が始まったのです。

　特に聴覚障がい児にとって、モバイルという特性を活かし声を文字に変えた教育現場で使えるこのシステムは、大きな可能性を提示してくれました。

　しかし、その後東日本大震災にそれぞれで取り組んだりはしたものの、企業の組織体制の変化、大学の新たな研究テーマへの移行などにより、残念ながら3者による協働は実質1年で終了。NPOにとっては残念な想いはあるものの、そのなかで「現場ニーズはやはりNPOでしか把握できない」という確信が持てたり、他の企業への提案や連係などができるようになるなど、大きな収穫をもたらしています。2015年8月には認定NPO法人として新たな一歩を踏み出しています。

〈第8回グランプリ〉

　「第8回パートナーシップ大賞」（2011.11.26）は、3.11東日本大震災後初の「パートナーシップ大賞」でした。

　開催が危ぶまれる中、こういう時こそNPOと企業が協働して立ち向かうべきとの、私たち本来の活動を見直すきっかけともなりました。

　グランプリは、「子どもたちに給食を届ける心のそしな事業」（京都・大阪）です。京都にあるNPO法人アクセスと、「パートナーシップ大賞」では常連とも言える近畿労働金庫（大阪）による協働です。入賞経験はありましたが、初のグランプリ獲得となりました。

　近畿ろうきんの窓口で「粗品は不要」と申し出てくれた預金者の粗品代を、アクセスが活動拠点としているフィリピンの貧困地域の子どもたちに、ただお金を届けるのではなく、これまで子どもに関心の低かった保護者による手作りの給食として提供することで、生活や地域が変わっていった事業です。（事例集「NPO＆企業 協働のススメ」（2012年サンライズ出版））

　この事業の特徴は、何といっても新

たなコストゼロでも大きな成果を生み出すことが可能であることを証明してくれたことです。そしてもう1点は、それを提案したのがCSRや社会貢献の担当部署ではない、一営業マンだったということです。

つまり、一営業マンが、自分の仕事のなかで『これは何とかできないものか』と思っている自社の「無駄」を見つけ、それを新たな枠組みで地域や社会に貢献できるしくみに作り替えていった事業です。

表面には出てきませんが、もうひとつ忘れてはならない大事なポイントがあります。企業をNPOに結びつけたのが中間支援のNPOだということです。企業の相談に的確に応えてくれたのです。

この期待に応えたNPOと企業が、見事な協働を見せてくれました。

1円の事業開発コストも掛けずに、フィリピンの子どもたちに1万8700食という給食を届け、しかもその地域の人々の生活と意識を変えていく力になっていったのです。「無駄」と思っていた粗品が、心のこもった「そしな」に変身した好事例です。

その後、2014年度には340人のフィリピンの子どもたちに給食を提供するまでになり、生徒たちの出席率が上がり、保護者たちも調理場づくりや菜園づくりなど、子どもたちに対する栄養面での認識や教育全体への意識が高まっています。また、フィリピンを拠点に活動するアクセスにとっても、賞を受賞したことでメディアで取り上げられる回数が増えるなど、団体としての認知度も上り、ろうきんのお客様の中から実際に現地を訪れる人も生まれ、フィリピンの貧困問題を広く知ってもらうきっかけが増えたとのことです。

〈第9回グランプリ〉

「第9回日本パートナーシップ大賞」(2012.12.1)。この回から「日本」が冠につきました。これまでも対象は日本全国であったのですが、改めて、審査委員のお1人から「誇るべき全国区の事業なのだから『日本』をつけよう」との提案をいただいて、関係者合意のもと改称。同時に、現地調査の評価基準もより公平により的確にと、改めて見直しをはかりました。

　グランプリは、「まごコスメプロジェクト事業」(三重)です。三重県立相可高校生産経済課の高校生たちがつくったNPOであるNPO法人植える美ingと、阪神淡路大震災から多気町で見事に復活した万協製薬株式会社、そしてその協働の仕掛け人である三重県多気町等による協働です。

　最終プレゼンも、高校生が準備し発表の中心になりました。パワーポイントそのものの出来は決して上手とは言えませんでしたが、発表は参加者をくぎ付けにする力と心のこもったものでした。

　高校生と製薬会社によるハンドジェルの開発プロセスが協働の中心ですが、事業の詳細は事例集(「企業が伸びる　地域が活きる」(2013年サンライズ出版))に委ねるとして、この協働の成功ポイントを一言で言えば、「成長と仕掛け人」と言えるのではないでしょうか。

　まずそのひとつは、企業の立場から言えば「ビジネスとしての成功」です。その要素のひとつは、売り上げの伸び(発表時1800万→2015年3月現在7000万円)であり、もうひとつはアウトソーシングの会社がブランド商品で活路を見出すことができたことです。そして、「両者による本気のぶつかり合いによる高校生の成長」がそれを支えていることです。はじめは挨拶もそこそこだった高校生たちが、「どうせつくるなら私たちが使いたくなるものを開発したい」という意欲を示し、「夏休みはないものと思え」という社長の挑発に、「やるならモンドセレクションで金賞を取りたい」と本気になって行動したことです。

　社長は、彼女たちとの関係によって社員の考える力や協働の目を育て、新しい神経を通わせることにつながっていると歓迎。「めんどくささが組織を活性化させる」と言います。さらに、取り引き先からの評価につながり、新たなビジネスチャンスが広がっていきました。

　実はこの仕掛け人が多気町の行政職員であるこ

ともこの事業の大きな特徴です。地元産品をアピールするために、地元高校と地元企業を結び付けた手腕は、テレビドラマにもなった「高校生レストラン」の仕掛け人でもあることを知れば納得、ではありますが、まさに協働のかなめとしての重要な役割を担いました。

　このグランプリで得た賞金は、東日本大震災の被災者支援に使われました。高校生たちは片道13時間（3泊4日内車中泊2日）をかけて岩手県山田町を訪れ、ハンドジェルを使って被災者のハンドマッサージをしてきたのです。また毎年新しいメンバーを迎え、その意見も取り入れながら商品開発を続け、現在8アイテムにまで増やしています。このプロジェクトで得た利益は、企業からNPOへ商品として贈られ、高校生NPOはその販売益を園芸福祉活動として地域貢献しているのです。

〈第10回グランプリ〉

　記念すべき「第10回日本パートナーシップ大賞」(2013.11.30)は、「フィデアのチャリティージャム事業」（長野）がグランプリに輝きました。長野県としては第7回に次ぐ2つ目のグランプリ誕生です。

　フィデアというのは、NPO法人ムワンガザ・ファンデーションの理事長であるフィデアさんのことです。パートナーの企業は株式会社サンクゼールですが、フィデアさんの生活のパートナー小林さんとのタンザニアでの出会いが、この協働を生み出すきっかけになりました。（事例集『「協働」は国を越えて』（2014年サンライズ出版））

　結婚して遠く日本にやってきたフィデアさんは、日本での豊かな生活に慣れるにつれ、タンザニアの現状に想いを馳せるようになります。親をエイズで亡くす子どもや自らもHIVに感染している子どもたち。ふるさとを何とかしたいと給料や講演料の一部を送るフィデアさん。普段はレストランで明るく働く彼女を見ていたサンクゼールは、

30周年の企画として、フィデアさんによるチャリティージャムを発案。1瓶につきお客さま100円、会社100円の計200円を寄付することにしたのです。4年で約1000万円に上りました。

　この事業の特徴と成功のポイントは、フィデアさんの頑張りへの共感はもちろん、寄付の先にある現地タンザニアの夢を青写真として見える化したことにあります。

　まずは、タンザニア在住の母親と妹は現地NGOを立ち上げ、受け入れ体制をつくりました。そして、夢の青写真には孤児院と小さな民家を16棟描きました。民家1棟につき2万個のレンガが必要ですが、そのレンガを1個50円で買ってもらい、現地の人たちがボランティアでレンガを積んでいきます。当日の発表時には完成した1棟目の写真がタンザニアから届きました。

　そしてもうひとつの成功ポイントは、企業がフィデアさんを従業員として雇用し、30周年の企画に孤児院建設の原資を安定させようとチャリティージャムを開発したことです。社長はタンザニアの現地まで行ってきたそうですが、まさに本業での支援は無理がなく、継続が可能なのです。

　その後、2014年8月には、企業が新しいチャリティー商品の製造・販売を開始。タンザニアの家庭料理のソース2種で、その寄付がプラスされ、NPOはより安定的な収入を得ることができるようになりました。おかげで、NPOは現地に事務所を設置、スタッフも配置し、よりきめ細かな支援を行うことができるようになりました。パートナーシップ大賞受賞後、複数の企業、団体からも助成金を獲得し、社会的な信用と評価が得られるようになったと喜んでいます。

● その他の優れた事例

　残念ながらグランプリとはならなかった事業の中にも、優れた協働がたくさんあります。全部をご紹介はしきれませんが（ぜひ事例集をひも解いて下さい！）、比較的新しいもので、まさにグランプリに勝るとも劣らない協働事業の中から、私自身が直接現地に行ったりお話を伺ったものをいくつかご紹介しておきましょう。

1）第6回の入賞事例に「遠野ツーリズム体感合宿型免許プログラム」（岩手）があります。NPO法人遠野山・里・暮らしネットワークと株式会社

高田自動車学校（遠野ドライビングスクール）の協働です。（事例集「NPO＆企業 協働の10年」）

　この事業は何といってもアイデアがすばらしい。少子化の影響で廃校にせざるを得なかった自動車学校を、地元市民のために再度つくろうと、グリーンツーリズムと合宿訓練をセットで提案した当時行政職員（現NPO会長）と、自分の学校の卒業生から交通違反者を出したくないと考えていた自動車学校の社長の想いがつながったのです。

　もちろん廃校の理由は採算がとれないことでしたが、それはどこも悩みの種である、学校が長期休みの時は受講者が多いけれどそれ以外は少なく教習所の先生の給料が出せない、ということでした。それを解消したのが、農繁期と農閑期が教習所と真逆になる「シイタケ栽培」でした。つまり教習所の先生がシイタケ栽培を行うことで問題を解決したのです。その後シイタケに限らず野菜などにも手を広げ、ユニークな自動車学校になりました。受講者も農業体験や乗馬訓練ができるとあって全国から訪れるようになり、旅館や民宿にも好影響を与えたというのです。

　まさにアイデアの勝利、と言ってよい事例です。

　その後、遠野山・里・暮らしネットワークは、東日本大震災でもボランティア受け入れの中心的役割を果たし、「第11回日本パートナーシップ大賞」にも別事業で応募。入賞を果たしています。

2）「第9回日本パートナーシップ大賞」は最後までグランプリの行方が分からない状況でした。3.11後、NPOとの協働を具体化させた大企業の初挑戦が目立った回でしたが、「空と土プロジェクト」（山梨・東京）は、誰もが知る大企業三菱地所株式会社と、これま

たNPO界では広く知られたNPO法人えがおつなげての協働です。「パートナーシップ賞」とともに中日新聞社賞も同時受賞しています。

　三菱地所グループの社員を中心に、開墾・田植え・稲刈り・森林体験ツアー、栽培期間中農薬を使わない酒米作りを行い、関連企業による山梨県産材の活用、丸ビルでの山梨の農産物を使ったイベント等々、都市と農山村をつなぐ見事な事業を、その両者がっぷりと組んで実現しました。（事例集「企業が伸びる　地域が活きる」）

　この協働は、ひとことで言うなら「地域共生型のネットワーク社会づくり」であり、NPO代表者による「10兆円規模の産業と100万人の雇用創出が可能」という明確な視点とビジョンが、「先進・多角的協働」を生み出しました。強い意志と実践力によって困難な地元定着を成功させ、山梨という地を最大限に活かしたのです。

　2つ目は、三菱地所の本気度が伝わってくることです。トップのコミットメント、理念と基本方針などによく表れています。空と土プロジェクト体験ツアーによる経験値を企業内にも蓄積していきました。

　3つ目は、両者に三菱地所ホームと山梨県を加えた4者による新制度（山梨県産材認証制度）を創設し、連携・協力活動を協定書に盛り込んだことも、協働を確固としたものにしていると言えるのではないでしょうか。

　その後も協働は順調に継続しており、NPOは2014年度に大きなアワードを複数受賞するなど、活躍の場はますます広がっています。

3)「第10回日本パートナーシップ大賞」は、第9回を上回るこれ以上ない接戦になりました。つまり同点決勝、ということです。最後までどちらがグランプリになってもおかしくないという状況でした。それが、「チョコレートで児童労働をなくす協働事業」（東京）です。これも企業、NPOともによく知られています。認定NPO法人ACEと森永製菓株式会社の協働です。

　この事業は児童労働という、過酷な労働にさらされている子どもたちを世

界からなくしていこうと活動しているNGOが、実は日本人にとって身近にあるチョコレートが、そうした児童労働に支えられているのではないかと、各社にアンケートを送ったことから始まります。当初返答のなかった森永製菓に対し、紹介者を通じて対話をしてみると、意外にも実はベクトルは同じ方向に向いており、互いの目的が「子どもたちの笑顔をつくる」ことだということに気がついたのです。そこから良きパートナーとして、協働で児童労働問題の解決に取り組んだのです。

　NPOにとっては、カカオ農家の技術の向上や子どもたちの出席率、進学率の向上というミッションはもとより資金面でもプラスとなりました。一方企業にとっては、実際の支援活動を任せられ、現地とのつながりの強いNGOとともによい社会の循環を生み出すことで、「世界の子どもたちに貢献できる企業になる」という夢の実現に近づくことができたのです。

　この協働事例から得られるのは、企業に対して一方的に批判だけしているより、「対話」によって互いの共感が生まれ、現実や現場を具体的に変えていくことができたという事実です。協働によってプロジェクト地域が3倍になり、成果も拡大しています。（事例集『「協働」は国を越えて』）

　ACEと森永製菓の協働を通じて生まれた、支援地区のカカオを使ったチョコレートは、その後、日本の大手製菓メーカー初の国際フェアトレード認証マーク付き商品となり、2015年から通年で販売されるようになりました。単なる寄付をもらうという関係ではなく、新しい付加価値のついた商品を、ともに生み出し、消費者に届けるというビジネスモデルとして進化するとともに、日本での「エシカル消費」※にも貢献しています。

※「エシカル消費」とは購入することで社会や環境に貢献することができる商品を意識して選択すること。

第3章 データで振り返るパートナーシップ大賞

　では、データに基づいてパートナーシップ大賞10回を振り返ってみましょう。

　まず応募事業数は、下表のとおり第１回35事業、第２回13事業、第３回30事業……（以下略）となっています。第１回と第10回の35事業が最も多く、全272事業、１回平均27.2事業となりました。この中には応募いただいたものの、結局NPOと企業の両者の合意が得られなかったものは省いています。他のさまざまなコンテストや表彰と比べて決して応募数は多いとはいえませんが、両者の合意を前提としているなど応募のハードルが決して低くないということも実態としてありますし、また各回ごとに事例集を発刊しているため、応募しようと考える人たちにとってはそれがひとつの目安になることで、一層ハードルが上がっているのかもしれません。

　とはいえ、直接審査に携わる者としてみれば、書類審査を通過した事例について現地での取材調査をするパートナーシップ大賞の特徴や、あくまでこの表彰事業によってモデルになりうる協働事業を提示していくという観点からみれば、決して応募数が少ないとは考えていません。

概要（事業分野・地域・規模・協働タイプその他）

目的	日本パートナーシップ大賞（第１回〜10回）に応募した協働事例のデータ整理および定量的分析	
分析母体	日本パートナーシップ大賞（第１回〜10回）への応募事業　（全272事業）	
サンプル構成	全体　　　　272事業 第１回（2002）　35事業 第２回（2003）　13事業 第３回（2005）　30事業 第４回（2006）　19事業 第５回（2007）　27事業 第６回（2008）　22事業 第７回（2010）　29事業 第８回（2011）　29事業 第９回（2012）　33事業 第10回（2013）　35事業	＊応募企業数530社、応募NPO等320団体。応募地域は37都道府県に（78.7％） ＊第１回〜第３回の当初は、様子見により１年半おきの開催。 ＊第３回、４回はさわやか財団による一部助成。 ＊第４回をみた日本財団が助成を申し入れてくれ、第６回、７回（一部）と助成を得て実施。 ＊第７回は応募30件。うち１件は対象外。 ＊2009年はリーマンショックの影響で開催に至らず。2011年の東日本大震災時も開催が危ぶまれたが、敢行した。
実施主体	NPO法人パートナーシップ・サポートセンター（PSC）	

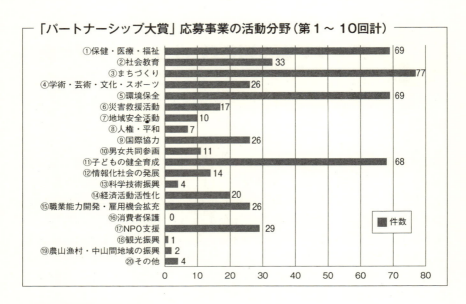

応募事業の活動分野

まず、活動分野から見ていきましょう。

応募事業の活動分野（事業分野）では、NPO法で定められた活動分野を基本に見ていくと、1回から10回までのトータルで最も多いのは「まちづくり」の77事業、次いで2位が「保健・医療・福祉」と「環境保全」が同じ69事業、4位が「子どもの健全育成」68事業の上位4分野が群を抜いて多くなっています。例えば「子どもの環境教育」などは「子ども」と「環境」の2分野に数えており、1事業が複数の分野にまたがることも多々あります。当初は活動分野については事務局で判断し集計していましたが、途中からは応募者による自己申告制を取っており、1事業につき主な活動内容を最大3つまでとして集計しています。また、活動内容についても、当初はNPO法上12分野でしたが、法改正に合わせて今は20の分野での集計となっています。また、東日本大震災後は、その関連事業が分かるように申告していただきましたが、今回統計上は「災害救援活動」（17事業、11位）としてまとめています。

上記の活動分野ビッグ4以外も、数こそ多くはないものの協働事業はすべて可能といってよく、5位「社会教育」（33事業）、6位「NPO支援」（29事業）とつづき、7位は「学術・芸術・文化・スポーツ」「国際協力」「職業能力開発・雇用機会拡充」の3分野が同数の26事業となっています。

協働事業の活動分野

順位	事業分野	件数	%
①	まちづくり	77	15.0
②	保健・医療・福祉	69	13.4
②	環境保全	69	13.4
④	子どもの健全育成	68	13.2
⑤	社会教育	33	6.4
⑥	NPO支援	29	5.6
⑦	学術・文化・芸術・スポーツ	26	5.1
⑦	国際協力	26	5.1
⑦	職業能力開発・雇用機会拡充	26	5.1
⑩	経済活動活性化	20	3.9
⑪	災害救援活動	17	3.5
⑫	情報化社会の発展	14	2.7
⑬	男女共同参画	11	2.1
⑭	地域安全活動	10	1.9
⑮	人権・平和	7	1.4
⑯	科学技術振興	4	0.8
⑱	農山漁村・中山間地域の振興	2	0.4
⑲	観光振興	1	0.2
⑳	消費者保護	0	0.0
⑯	その他	4	0.8
	合　計	514	100

- 応募事業全272事業の協働事業の活動分野としては「まちづくり」「保健・医療・福祉」「環境保全」「子どもの健全育成」がトップ4となっている。
- その傾向は、回数別でも大きな違いは見られない。（注：事業が複数分野にまたがっていることも多い）
- その他、「社会教育」や「国際協力」、NPO支援など。
- 2011年から、東日本大震災関連事業を1分野として加えている。

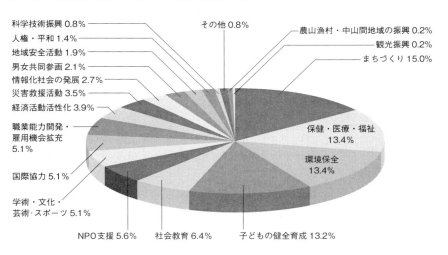

応募事業の地域別

応募事業を地域別で見てみましょう。

第1回から第10回までの応募企業や応募NPOの所在地を県別に見てみると、日本列島北海道から沖縄県まで47都道府県中37の都道府県から応募が届いています。10回までに応募ゼロは残り10県となっています。

本社機能を持つ東京都からの応募が圧倒的に多く98事業を数え、2位の大阪府の44事業の2倍以上となっています。3位は愛知県（37事業）、4位は京都府（20事業）、以下5位静岡県（13事業）、6位兵庫県・宮城県（いずれも12事業）、8位神奈川県（10事業）、9位北海道（9事業）、10位長野県・岐阜県・広島県（いずれも8事業）と続いています。

「パートナーシップ大賞」応募地域県別

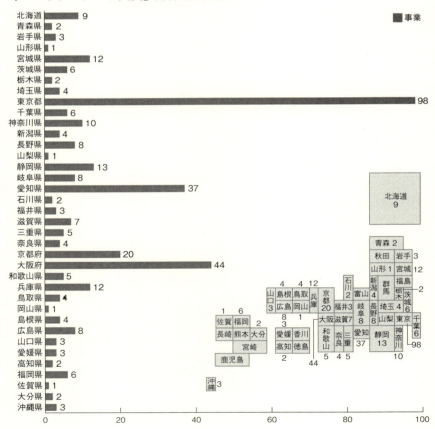

「パートナーシップ大賞」応募地域別

- 応募事業全272事業のTOP3は「東京都」「近畿」「北陸・東海」となっている。
- 本社機能を多く持つ東京都が突出しているのが顕著で、都市圏からの応募が全体として多い。
- 東北に関しては、震災以降、当エリアでの協働事業が増加。西日本はまだ応募数は少ない。

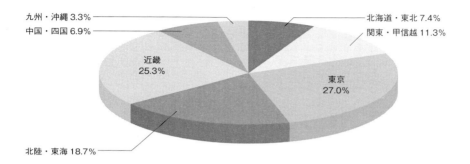

 上位は都市圏からの応募が多くを占めているのは事実ですが、農村・漁村などいわゆる田舎と呼ばれるところからの応募も多く、協働はどんな地域でも可能だということが分かります。
 とはいえ、ブロック別に見ると、東京都だけで27.0％というのは別格としても、「近畿」25.3％、「北陸・東海」18.7％、「関東・甲信越」11.3％、「北海道・東北」7.4％、「中国・四国」6.9％、「九州・沖縄」3.3％と、都市圏から離れるに従い少なくなっているのも事実で、「パートナーシップ大賞」の浸透度を反映しているのかもしれません。
 なお、地域別の場合、企業・NPOのそれぞれの所在地を基準にしており、企業とNPOが同じ都道府県であれば1事業1地域ですが、例えば所在地が東京都と大阪府の場合は1事業2地域として集計しています。中には1事業で6地域という事業もありました。

規模別

 協働事業を行っている企業とNPO。もしかしたら協働は大きな企業と大きなNPOしかできないのではないかと思っている人もなかにはいるかもしれません。実はそうではありません。図のように、それぞれの規模で見てみると、企業もNPOも、大きくても小さくても協働はほぼ同じくらいか、あるいはむしろそれ以上に小さな規模の組織が協働に取り組んでいることが分かります。

「パートナーシップ大賞」規模別

①企業規模別

大企業	128
中小企業	118
零細企業	26

②NPO規模別

大規模NPO	72
中規模NPO	89
小規模NPO	84
零細NPO	27

※企業・NPOとも、複数組織が関わっている場合は主となっている組織で分類した。
なお分類基準は以下の通りとした。

大企業	従業員1000人以上	47.1%	128
中小企業	〃 1000人未満	52.9%	144
（うち零細）	〃 10人以下		（内26）
		計	272

大NPO	経常予算 5000万円以上	26.5%	72
中NPO	〃 1000万円〜5000万円未満	32.7%	89
小NPO	〃 1000万円未満	40.8%	111
（うち零細）	〃 100万円未満		（内27）
		計	272

企業規模別
大企業は従業員1000人以上

NPO規模別
大規模NPOは決算額5000万円以上
小規模NPOは1000万円未満

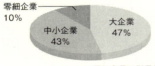

企業規模別（零細企業）
零細企業は従業員10人以下

NPO規模別（零細NPO）
零細NPOは決算額100万円未満

　具体的には、企業の場合、大企業（従業員1000人以上とする）128社（47.1％）に対し、中小企業（1000人未満）144社（52.9％）と、むしろ中小のほうが多いですし、その中には従業員10人以下という零細企業が26社で全体の約1割（9.6％）、中小企業のうちの約2割（18.1％）を占めています。

　一方NPOの規模は、大規模NPO（経常予算5000万円以上）が72団体（26.5％）であるのに対し、中規模NPO（1000〜5000万円未満）が89団体（32.7％）、小規模NPO（1000万円未満）111団体（40.8％）と、小規模

NPOが最も多く、そのうち零細NPO（100万未満）が27団体と、こちらも零細NPOが全体の1割（小規模NPOの24.3％、約4分の1）を占めていることが分かります。

なお、規模の判断については、それぞれ複数の組織が関わっている場合もありますが、協働に関わりのある組織のすべての規模を把握するのは不可能な場合もあり、また大企業・中小企業の連携、あるいは大規模NPO、零細NPO等さまざまな組織が関わっている協働事業もあり、ここでは各協働事例を代表する企業およびNPOを対象として集計しています。

協働事業の規模別組み合わせ

規模による組み合わせとしては、「大企業×大規模NPO」「大企業×中規模NPO」「大企業×小規模NPO」「中小企業×大規模NPO」「中小企業×中規模NPO」「中小企業×小規模NPO」の6通りありますが、その中で最も多い組み合わせは、「中小企業×小規模NPO」が約3割（29％）と最も多く、次いで「大企業×大規模NPO」の約2割（19％）、さらに「大企業×中規模NPO」と「中小企業×中規模NPO」が並んで続いています（各17％）。

零細企業、零細NPOはいずれもほぼ1割を占めていますが、そのうち「零細NPO×企業」が約5割（49％）で、「零細企業×NPO」が約4割（39％）を占め、「零細企業×零細NPO」といずれも零細による協働

協働事業の規模別組み合わせ

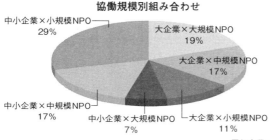

- 最も多い組み合わせは「中小企業×小規模NPO」、次いで「大企業×大規模NPO」、さらに「大企業×中規模NPO」と「中小企業×中規模NPO」が並んで続く。
- 零細企業、零細NPOはいずれもほぼ1割を占め、企業かNPOいずれかが零細というだけでなく、「零細×零細」による協働事例もある。

事例は1割強（12％）となっています。要は、「小さいから協働は無理」と最初からあきらめる必要は全くないということが実際の応募事例からも明らかです。

協働形態別

協働には、NPOと企業がそれぞれ1：1（①「N1：企1」で行う事業や活動もあれば、1：複数（②「N1：企複」③「N複×企1」）、複数：複数（④「N複×企複」）もあります。また、企業だけでなく、行政や大学、労働組合その他多様な主体が関わった事業（⑤「N×企×他」）も増えています。それらを、協働形態として分類してみました。

①「N1：企1」が10回を通じて222事例と約8割（81.6％）で圧倒的に多く、②「N1：企複」が18事業（6.6％）、③「N複×企1」が7事例（2.6％）、④「N複×企複」）が4事例（1.5％）、⑤「N×企×他」が21事例（7.7％）となっています。

各回別に見ていくと、第1回は①が約9割を超えていましたが、第9回、10回は国の「新しい公共」政策の影響もあってか⑤「N×企×他」、つまり多様な主体による応募が2割を超え、①は7割弱と相対的に少なくなっています。また、②は、第2回で3事例（23.1％）、第8回で4事例（13.8％）と少し多くなっているのが分かります。

協働形態別分類

N数表		標本数	①N1×企1		②N1×企複		③N複×企1		④N複×企複		⑤N×企×他	
全体		272	222	81.6%	18	6.6%	7	2.6%	4	1.5%	21	7.7%
回	1回	35	32	91.4%	1	2.9%	2	5.7%	0	0.0%	0	0.0%
	2回	13	8	61.5%	3	23.1%	2	15.4%	0	0.0%	0	0.0%
	3回	30	28	93.3%	2	6.7%	0	0.0%	0	0.0%	0	0.0%
	4回	19	18	94.7%	1	5.3%	0	0.0%	0	0.0%	0	0.0%
	5回	27	22	81.5%	2	7.4%	0	0.0%	0	0.0%	3	11.1%
	6回	22	19	86.4%	1	4.5%	1	4.5%	0	0.0%	1	4.5%
	7回	29	23	79.3%	1	3.4%	2	6.9%	1	3.4%	2	6.9%
	8回	29	24	82.8%	4	13.8%	0	0.0%	0	0.0%	1	3.4%
	9回	33	24	72.7%	1	3.0%	0	0.0%	1	3.0%	7	21.2%
	10回	35	24	68.6%	2	5.7%	0	0.0%	2	5.7%	7	20.0%

協働には、NPOと企業がそれぞれ1：1で行う事業や活動もあれば、1：複数（その逆）、複数：複数もある。また、企業だけでなく、行政や大学その他多様な主体が関わった事業も増えている。それらを、協働形態として分類してみた。

協働形態別分類

- ①N１×企１ 82%
- ②N１×企複 7%
- ③N複×企１ 2%
- ④N複×企複 1%
- ⑤N×企×他 8%

- 協働形態としては、NPOと企業が、基本形の１対１の他、１対複数（その逆）、複数対複数、多様な主体による協働（N×企×他）に分類される。
- その他には、行政、大学、労働組合、社会福祉協議会などが含まれる。
- 第１回は１対１が９割を超えていたが、９回、10回は「新しい公共」政策の影響もあってか多様な主体の応募が２割を超え、１対１は７割弱となっている。
- なかには、１NPOと30社、あるいは56社という協働もあった。

　なお、②のなかには、１NPOに対し企業30社、あるいは56社という協働もありましたが、これらはNPOが主導的な役割を果たしている協働であり、逆に企業が主導している協働では１つの企業が全国のさまざまなNPOと協働している例もありました。

協働の分類～パターンやタイプのいろいろ

　これまで見てきたように、協働を分類するといくつかのパターンやタイプがあります。

　すでに①事業（活動）内容による分類（NPOの活動分野で見ればどの分野）、②組織規模別分類（企業の規模やNPOの規模による分類）、③協働相手別分類（協働相手の数による分類（単独か複数か、あるいは行政や社会福祉法人等多様な組織による協働か）、についてみてきました。

①事業（活動）内容による分類ではNPO活動分野の面から見てきましたが、他にもビジネス（本業・新規）として成立しているのか、あるいは社会貢献（本業・ボランティア）としての活動かなど、事業によっては詳しく検証していくことが可能です。（応募事業すべてについての検証はむずかしいですが）入賞事業については後述します。

②組織規模別分類では、企業の規模（大手企業・中小企業）とNPOの規模（大・中小）からみてきました。また、応募事業の中には零細企業や法人格ももたないNPOもあり、それらを丁寧に見ていくこともできます。

③協働相手別分類では、１対１の協働か、１対複数、複数対複数等とともに、NPOと企業の他に行政、社会福祉法人、経済団体、労働

組合等々が加わった、まさに多様な主体による協働の事例があることも提示しました。

　ただこの他にも、④協働による影響力からみた「協働タイプ別分類」、⑤協働を誰が主導してきたのかによる「協働主導別分類」も可能です。協働タイプ別分類では、書類審査の段階で、❶チャリティ型の協働（Winの関係）、❷トランザクション型の協働（Win-Winの関係）、❸インテグレーション型（Win-Win-Winの関係）、を判断していきました。が、むしろインテグレーションという段階に達している事業に対して評価は高くなることが多く、グランプリを獲得した事業はすべてインテグレーション型に属しています。

　また協働主導別分類は、主導という表現よりはむしろ協働のきっかけを作ったのはどちらなのか、あるいは第三者が関わっているのかなどをみたものです。1企業主導型、2NPO主導型、3第三者による仲介～行政、中間支援NPO、経済団体等が考えられます。

　具体的には、1企業の発意あるいはきっかけとなった事業としては、「子どもたちに給食を届ける心のそしな」や「地域メディアをフルに活用したNPO情報発信」があり、2NPOからとしては「地域社会の防災力の向上に向けた協働」「モバイル型遠隔情報保障システム普及」があり、3の第三者のうち、行政が仲介したものには、「点から線へ、線から面へのまちづくり」や「遠野ツーリズム体感合宿型免許プログラム 」「まごコスメプロジェクト」、中間支援がコーディネートしたものには「モバイル型遠隔情報保障システム普及」、「子どもたちに給食を届ける心のそしな」、その他「車いすの集配・はこび愛ネット」は労働組合が色濃く関わっている事業として挙げられます。

　これらはしっかりと取材調査してはじめてわかることも多く、書類だけで判断しているわけではありません。

　以下、これらの分類を、第1回から10回までのグランプリ事業でまとめてみました。

（次ページの表参照）

パートナーシップ賞グランプリ事業分析（第1～10回）

回 / 実施日	事業名 / タイプ	主導別	形態別	NPO 規模別	事業位置づけ	企業他 主分類
第10回	フィデアのチャリティージャム			ムワンガザ・ファンデーション		サンクゼール
2013.11.30	インテグレーション	NPO	1：1	中小企業	本業・新規	国際協力
第9回	まごコスメプロジェクト			植える美ing（相可高校）		万協製薬・三重県多気町 他
2012.12.1	〃	第3者	N企行	中小企業	本業・新規	経済活性
第8回	子ども達に給食を届ける、心のそしな			アクセス		近畿労働金庫
2011.11.26	〃	企業(第3者)	1：1	大企業	本業見直し	子ども・国際協力
第7回	モバイル型遠隔情報保障システム			長野サマライズ・センター		筑波技術大学・ソフトバンクモバイル
2010.11.27	〃	NPO	N企行	大企業	本業・CSR	障害児・情報化
第6回	地域社会の防災力向上に向けた協働			プラスアーツ		東京ガス
2008.11.23	〃	NPO	1：1	大企業	CSR（防災）	地域の安全
第5回	点から線へ、線から面へのまちづくり			石坂線21駅の顔づくりグループ		京阪電鉄大津鉄道事業部
2007.11.10	〃	NPO	1：1	中小企業	本業	まちづくり
第4回	企業ができるこどもたちへの環境学習支援			こども環境活動支援協会		LEAF企業プロジェクト（30社）
2006.11.11	〃	NPO	1：複	中小企業	CSR（環境）	環境教育
第3回	ビーチクリーン作戦＆子ガメ放流会			サンクチュアリNPO		ヤマハ発動機
2005.6.18	〃	企業(NPO)	1：1	大企業	ボランティア	環境保全
第2回	地域メディアフル活用・NPO情報発信			くびき野NPOサポートセンター		上越タイムス紙他
2003.11.23	〃	企業	1：複	中小企業	本業	情報化
第1回	車いす集配・はこび愛ネット			「飛んでけ！車いす」の会		札幌通運
2003.6.15	〃	NPO	1：1	大企業	本業を活かしたボランティア	福祉・国際協力

参考文献・資料

(書名、発行日、編著者、発行所・出版社)

※パートナーシップ・サポートセンターはPSCと表記

- 「企業とNPOのパートナーシップを学ぶ訪米ツアー」 記録集
  1996年11月、有限会社ヒューマンネット・あい

- 「企業とNPOのパートナーシップ　PARTⅠ」
  1996年11月、有限会社ヒューマンネット・あい　PSC

- 企業とNPOのパートナーシップ　PARTⅡ　～アトランタ・デトロイト編～
  1998年6月、PSC

- PSCブックレット　NPOと企業の社会貢献―企業は地域に何ができるか―
  1999年3月、PSC 岸田眞代編著、PSC

- アメリカの先進事例に学ぶ　評価とインターミディアリー　企業＆NPOパートナーシップ　スタディーツアー in アメリカ　PARTⅢ
  2000年3月、PSC

- 「NPO評価と企業評価―その社会的責任」日米シンポジウム　報告書
  (「企業＆NPOパートナーシップ・スタディーツアー in アメリカ」PARTⅣ)
  2001年3月、PSC

- 企業＆NPOのための　パートナーシップガイド―企業＆NPOの協働事例を中心に―
  2001年3月、岸田眞代編著、PSC

- 日本NPO学会第3回大会　「NPO評価・企業評価・パートナーシップ評価」(小論文)
  2001年3月、岸田眞代

- NPO＆企業　協働のための評価システム　―「第1回パートナーシップ大賞」決定までの評価プロセス―
  2003年3月、PSC 岸田眞代編著、PSC

- NPOと企業　協働へのチャレンジ　ケース・スタディ11選
  2003年3月、PSC 岸田眞代・高浦康有編著

- NPOからみたCSR　―協働へのチャレンジ―　《ケース・スタディⅡ》
  2005年2月、PSC 岸田眞代編著、同文舘出版株式会社

- 企業とNPOのパートナーシップ　―CSR報告書100社分析―《ケース・スタディⅢ》
  2006年6月、PSC 岸田眞代編著、同文舘出版株式会社

- CSRに効く！　企業＆NPOのコツ
  2007年10月、PSC 岸田眞代編著、風媒社

- 「第5回パートナーシップ大賞」事例集　点から線へ　線から面へ
  2008年11月、PSC 岸田眞代編著、風媒社

- NPO＆企業協働の10年これまで・これから
  2010年12月、PSC 岸田眞代編著、サンライズ出版
- 「第7回パートナーシップ大賞」受賞事例集　NPO＆企業　協働評価　目指せ！「パートナーシップ大賞」
  2011年9月、PSC 岸田眞代編著、サンライズ出版
- 「第8回パートナーシップ大賞」受賞事例集　NPO×企業　協働のススメ
  2012年12月、PSC 岸田眞代編著、サンライズ出版
- 「第9回パートナーシップ大賞」受賞事例集　企業が伸びる　地域が活きる　協働推進の15年
  2013年11月、PSC 岸田眞代編著、サンライズ出版
- 「第10回日本パートナーシップ大賞」受賞事例集　「協働」は国を越えて
  2014年9月、PSC 岸田眞代編著、サンライズ出版
- 日本NPO学会ニューズレター　vol.16 No. 3　通巻62号
  2014年12月、PSC 岸田眞代、日本NPO学会

第11回
日本パートナーシップ大賞事例

case 1

第11回日本パートナーシップ大賞グランプリ
「１型糖尿病の患者のためのジューC」事業

子どもたちの病気が治り、普通にお菓子を食べられる社会の実現のために

認定NPO法人
日本IDDMネットワーク　＋　カバヤ食品株式会社

　糖尿病は、我が国では患者とその予備軍を含めると2000万人以上と言われ、その数も年々増加傾向にあります。その大部分（95％以上）は、食事や運動の生活習慣が関係していることが多く、いまや国民病とも言われています。しかし、私たちがよく知っているその糖尿病（２型、成人型）とは異なり、主に自己免疫によって起こる１型糖尿病と呼ばれる病気があります。小児期に発症することが多いため小児糖尿病と呼ばれることもありますが、生活習慣病でも、先天性の病気でもありません。２型糖尿病とは原因も治療の考え方も異なる原因不明の難病で、患者は毎日数回注射やポンプを使ってインスリンの補充をしなければなりません。しかしインスリンの作用で血糖値が下がりすぎると、意識喪失などを起こし命の危険につながることもあります。それを防ぐため、患者は補食としてブドウ糖の摂取が欠かせません。さまざまな会社がブドウ糖を販売していますが、子どもにとっては大きすぎて食べづらかったり、「学校でお菓子を食べている」と誤解され、本人がつらい思いをすることも多いのです。
　これからご紹介する事業は、学校などで周囲に気兼ねすることなく必要なブドウ糖を、摂取できるような商品を開発し、継続して供給することを目標に、患者や家族で構成されるNPOと食品会社の協働の物語です。

❶ NPOと企業が対等の立場で社会課題解決に挑戦

　2015年２月20日に開催された第11回日本パートナーシップ大賞最終選考会で栄えあるグランプリを受賞したのが、「１型糖尿病の患者のため

息のあったプレゼンテーションでグランプリを獲得

のジューC事業」です。ぴったりと息の合ったまさに「協働」といえるNPOと企業のプレゼンテーションに、会場も飲み込まれていきました。

　企業としてプレゼンテーションを行ったカバヤ食品株式会社（以下、カバヤ食品、本社岡山市）の岡本智志さん（商品開発部研究室長）と認定NPO法人日本IDDMネットワーク（以下、IDDMネットワーク）の専務理事である大村詠一さん。大村さんは8歳の時に発症し、「どうして自分だけが、こんな病気に……」という絶望を乗り越え、幼い頃に始めたエアロビック競技で、2002、2003年とユース部門で世界チャンピオンになったというがんばりやさんで、そのプロセスと想いが参加者にもずんと響いてきました。一方、カバヤ食品はそうした患者の気持ちをしっかり受け止め、企業の社会貢献としての取り組みを、淡々と、しかし心をこめて語ってくれました。

　大村さんはグランプリのお礼のあいさつの時、感極まって30秒ほど言葉が出てきませんでした。小さい頃からの苦労の数々が脳裏をよぎったのでしょう、その姿に会場も感動に包まれました。

❷ 事業の始まりは「カバヤでおいしい補食を作れませんか」という1本の電話から　　協働事業のプロセス

ブドウ糖を含むジューCの開発

　カバヤ食品は、戦後間もない1946年創業の年商282億円、従業員905人の、岡山に拠点を置く食品の製造・販売会社です。「おとなしくて平和を愛する」というイメージからカバを名前にしたというのが社名の由来

カバヤ食品本社

です。年配の方にはカバヤキャラメルやおまけでもらえるカバヤ文庫、若い方には清涼菓子ジューCのメーカーとしてよく知られています。今回協働の中心となった商品は、まさにこのジューCでした。

　この会社で商品開発を担当する岡本さんが、「カバヤで安くておいしい補食をつくれませんか」という患者の母親からの電話をたまたま受けたのが2005年の春でした。その当時、岡本さんは企画2課に所属していて、ジューCの直接の担当者ではありませんでしたが、「何でそんなことを聞くのだろう」と疑問に思いながらも以前開発担当だったこともあり、話を聞いていくうちに、「糖尿病患者は、血糖値をコントロールするためにブドウ糖を摂取している」という事実を知りました。

　岡本さんは驚き、「何とかしないといけない」と思いました。元来の生真面目さが頭をもたげます。子ども相手の商品を販売している食品会社として、日頃から子どもを大事にしないといけないと考えていた岡本さんは、担当外にもかかわらず「何かできることはないだろうか」と考え、東京への出張を利用して、電話をくれた小児糖尿病患者・家族の会である「つぼみの会」まで足を運びました。お母さん方から1型糖尿病について詳しく話を聞き、病気を患う子どもたちの日常生活の困難さについても理解を深めることができました。その中で、ジューCに含まれるブドウ糖の配合を尋ねられました（一般のジューCの主成分は砂糖とブドウ糖です）。以前にも、同じ内容の電話があったことを思い出し、初めて質問の背景を理解することができたのです。まさに直接話を聞けたからこそその理解でした。

　その後岡山に帰った岡本さんは、部署は違ったのですが、まずは研究

カバヤ食品（左より）松村さん、岡本さん、原田さん

室のメンバーに試作品づくりを依頼し、それを患者会の人たちに試してもらいました。何度か改良を繰り返すうちに患者の反応もだんだんよくなってきました。そして翌年の春、300kg（1万2000本）の工場試作を行い、つぼみの会のキャンプなどを通して患者の皆さんに提供しました。それから1年くらい経過した頃、岡本さんは人事異動で清涼菓子担当課長になったのです。「商品化は今しかない」と、原価計算や売り方を検討し、経営トップにプレゼンテーションを行いました。

　到底採算が合わないので駄目だと言われると覚悟していましたが、意外にも「やってみろ」と言う返事をもらうことができました。「やりはじめると止める訳に行かないけれど、大丈夫ですか」と恐るおそるトップらに質問、すると、その答えは「自分で責任を持ってやり抜きなさい」というものでした。「カバヤ食品には、このような研究開発を許容する風土がある」と原田雄弘さん（取締役商品開発部長）も語ります。

　意を強くした岡本さんは、それから包装材料メーカーやデザイン、印刷、運送業者の協力を得て、早速製造に取り掛かりました。小ロット製造に対して抵抗感を持つ工場サイドには、「効率が悪いけれど協力してほしい」とお願いしました。その結果、半年後にはブドウ糖を主成分としたジューCグルコースを世に出すことができました。

　一見すると病気のようには見えないため、子どもたちがお菓子を食べていると（他の子たちから）誤解されないように、パッケージはジューCという商品名よりも原材料名の「グルコース」と言う文字を強調し

たデザインにしました。中身（味・香り）はほんのりレモン味に仕上げ、香りを抑えているけれどもおいしく食べられるようにと工夫を凝らしました。販売価格は、1本50円（税別）に設定し、2007年春に販売を開始しました。

❸ 企業からNPOへ呼びかけ、協働が始まった　　協働事業の目標

販売数量を伸ばすためにNPOへ相談

　しかし、問題はここから始まりました。ようやく完成した商品ですが、中々販売数量が伸びないのです。カバヤ食品の岩本紘子さん（商品開発部広報室）は、「ジューＣグルコース」の認知度が低いのではないか、「ジューＣグルコース」を必要としている人がきっといるはずなので、まずはその人たちに届けて試してもらいたい、と思いました。そして、岡山つぼみの会のメンバーが工場見学に参加したとき、「"ジューＣグルコース"を多くの人に試してもらいたいのですが、何か良い方法はないでしょうか」と相談を持ちかけたところ、IDDMネットワークの紹介を受けたのです。2012年8月のことです。

１型糖尿病が「治らない」病気から「治る」病気になることを目指して

　IDDMネットワークは、患者とその家族を支援する団体で、事務局は佐賀市にあります。会員数は2700人ですが、その約9割が1型糖尿病の患者と家族です。1995年に起きた阪神・淡路大震災では、被災地の患者はインスリンの入手に大変な苦労を強いられたことをきっかけとして、全国にあった患者・家族会の連携を図ることを目的に、現在のIDDMネットワークの前身にあたる全国IDDM連絡協議会が発足しました。2000年にNPO法人格を取得し、2003年にNPO法人日本IDDMネットワークと改称しました。

　その目指すところは、1型糖尿病患者とその家族1人ひとりが希望を持って暮らせる社会を実現することであり、1型糖尿病を「治らない」病気から「治る」病気にすることが最終ゴールです。常勤スタッフが1名しかいないにもこだわらず活動内容は活発で、地域患者・家族会の支援をはじめ、政策提言や調査研究、普及啓発、シンポジウムと多岐にわたっています。更には「1型糖尿病研究基金」を創設し、根治に向けた

研究への助成も行っています。またファンドレイジングに力を入れており、その面でも先駆的な役割を果たしています。

　IDDMとはInsulin Dependent Diabetes Mellitusの略で、1型糖尿病を意味します。世間には1型糖尿病に対する誤解や偏見もあり、創設時に糖尿病と言う病名を使いたくないという思いがNPOの名称に込められていると岩永幸三さん（副理事長兼事務局長）が教えてくれました。

　岩本さんから相談を受けたIDDMネットワークでは、セミナーなどで自分たちの組織網を利用して希望者にカバヤ食品から提供されたジューCグルコースの試供品の配布を開始しました。1回に2本を無料で配布し、送料相当額をIDDMネットワークの活動寄付としてお願いしています。気にいったら、カバヤ食品のホームページから購入するよう訴えています。

　ただ問題は、「PRを強化した時は一時的に伸びるのですが、すぐに元の状況に戻ってしまいます」と、以前は営業担当で販売現場の実情を知っているカバヤ食品の松村さくらさん（商品開発部広報室）は、残念な思いでそう語ってくれました。

❹ ジューCグルコース販売の難しさに直面して
協働事業の役割分担

企業人として抱える社会貢献活動との葛藤

　そこで、カバヤ食品のインターネットでの販売とIDDMネットワークによる試供品の配布のみでは入手方法も限られていたため、もっと手軽に入手できるための販路開拓を行うこと

ジューCグルコース

が重要だと、IDDMネットワークとカバヤ食品の認識は一致しました。それまでも小売店で扱ってくれるところはありましたが、売れ行きが悪く在庫が残り、結局扱い店舗が徐々に減少していったのです。岡本さんが営業社員に同行し小売店のバイヤーに売り込みを行ったこともありました。バイヤーは理解を示し店頭に置いてくれるのですが、商品回転が悪くなると結局店頭から姿を消してしまうという壁にぶつかりました。

　患者としてはまとめ買いではなく、必要な時に身近な店舗で買いたい

という要望があるのですが、1回の購買単位が大きすぎる、身近な店舗で買うことができない、などの理由で数量も伸び悩んでいるというのが現状です。一方カバヤ食品としても、どれくらいの市場規模や需要があるのかを予測をするのが困難で、製造計画も立てにくいという問題に直面しています。さらに、円安や原材料高の影響で経営状況にも変化が現われてきました。それでも岡本さんたちは何とか途切れないように商品供給をしなければならないという想いで今も模索が続いています。

　ちなみに、取材時点ではカバヤ食品のホームページで購入できる単位・価格は80本セットが4000円（税込）、40本セットが2800円（税込・送料・代引き手数料込）となっています。

　しかし、1日に摂取する量は多い子で5粒、1本あれば3日間は持ちます。1回の購入でほぼ1年分が賄える人もいます。もっと小さな単位で、という要望はありますが、通常製品の単位が240本／ケースと言う現状では、「これでもかなり無理をしている」というのがカバヤ食品の企業としての偽らざる実情で、社会貢献活動との葛藤が現場で顕著に表れていると言ってもいいのではないでしょうか。

数量を伸ばすための工夫

　今回の協働事業では両者の役割ははっきりと分かれています。カバヤ食品は1型糖尿病患者のために、ブドウ糖が配合されたジューCグルコースを製造・販売。IDDMネットワークはそれがたくさん売れるように広報周知活動を強化し、カバヤ食品から提供された試供品を患者の要請に応えて配る作業をしていますが、現在の数量では採算が取れるとは思えないと、岩永さんは言います。岡

IDDMネットワーク岩永さん

本さんと並んでこの協働のもう1人のキーパーソンである岩永さんは本業は佐賀県庁の職員ですが、ご家族に1型糖尿病患者がいてこの活動をしているのです。

　ラインの確保だけでなく、工場の製造現場では採算性向上に向けて、日頃から無駄を省こうと努力している企業にとって、この商品だけのた

めに手間をかけられないという事情を、IDDMネットワークも十分に承知しています。ただ、1型糖尿病の年間発症率は10万人に1人か2人と言われますが、患者数の統計は存在しません。岩永さんは「多くても5万人くらいではないか」と述べています。現在の会員約2700人のうち、患者は2400人程度と推測されます。この数は全国の推定患者数から見れば1割にも満たないため、もっとIDDMネットワークの認知度を上げることが重要だと認識しています。カバヤ食品としては患者数が把握できれば、方針も立てやすいため、IDDMネットワークからの情報提供に期待をしているところです。

その期待に応えようと、IDDMネットワークは2014年12月に東京で開催されたセミナーの会場と、会員に対するメールでアンケート調査を行いました。この調査に寄せられた370件の回答から、①普段、補食として使っているのは、お菓子類が一番多く（31％）、次ぐブドウ糖製品（30％）の中ではジューＣグルコースが40％を占めていること、②ジューＣグルコースを知っている人が80％近いにもこだわらず、実際に購入している人は30％程度に留まり、1回きりもしくは1年に1回という人が60％近くを占めていること、③「販路拡大」と「販売方法の改良」に関する提案が70％近くもあることなどから、「買いにくいこと」が大きなネックになっていると読み取れたのです。

❺ NPOからの販売モデルの構築・提案　　協働事業の課題と発展

アンケート結果を受け販売方針を立案

このアンケート結果を受け、IDDMネットワークは、

①現行の販売モデルの維持、②新たな販売モデルの構築、の2つの方針を立案し、カバヤ食品に提案しました。

①については、患者からの要望の多かった販売単位の見直しに関して、カバヤ食品が改善に向けて動き出しました。従来の80本、40本単位に加えて、20本、10本の単位での販売も検討されています。この事例集が発行される頃には、カバヤ食品のホームページで見ることができるでしょう（注：2015年7月30日から20本、10本単位での販売が始まりました）。また、「ジューＣグルコースは大量生産、大量消費を前提とした製品ではないので、メーカーの経営判断に左右され、安定的な供給に不安が残

る」(岩永さん談)ので、それを解消すべく、顧客が限られる「1型糖尿病患者のためのお菓子」から「誰でも食べられる」一般消費者向けの商品にして、大量生産・大量販売の商品へ、更には、それを寄付付き商品へと転換していくことも考えています。

　一方②については、「どう見ても利益が出ていないので申し訳ない」(岩永さん談)と思っているIDDMネットワークが、カバヤ食品に代わって直接販売を行うというものです。カバヤ食品の販売特約店となるかOEM供給を受ける形になるかはともかく、IDDMネットワークが販売責任を負い、メーカーの負担が少なくなることにより、「買いづらさ」の解消とともに継続供給の道が開けると考えています。

　ただ、残念ながらいずれもまだこれという解決には至ってはいないのが現状です。

　そこに今回のグランプリ受賞という快挙は、こうした動きを一歩後押しすることになる可能性がでてきたのかもしれません。カバヤ食品内部でも今まで以上に協力していこうという姿勢が見えてきました。

さらなる可能性を秘めて

　営利を追求する企業である以上、利益が出ない商品をいつまでも続けていくことはできないかもしれません。本業に関わるとはいえ、採算が取れないという現実を前に、患者やその家族が経済的心理的な負担を背負うというジレンマ。企業の社会貢献という、患者の声に応えようとがんばった一社員の真摯な姿勢に、企業トップの力強い後押しで始まった協働ではあっても、NPOと企業双方が力を合わせる以外に解決はありません。

　採算ラインに乗せるため、IDDMネットワークもいくつかのアイデアを提案しています。現在IDDMネットワークとカバヤ食品との間のやり取りはメールが中心で、直接話し合うのは年に1回程度ですが、この頻度を上げることにより、互いの力をより高め持ち寄り、ジューCグルコースが大量に売れ企業にも利益が出るようになれば、本当の意味でwin=winの関係と言うことができるかもしれません。

　その点、IDDMネットワークは、職員が多数いなくても、東京に事務所がなくても、情熱と工夫と努力次第で寄付金を集めることができる、NPOとしては珍しくファンドレイジング能力の高い団体でもあります。この力をぜひ協働の成功にも活かしてほしいものです。

10年後を見据えて、「治らない病気」から「治る病気」に。その想いを共有することが協働の原点でもあります。第11回日本パートナーシップ大賞グランプリの栄誉は、きっと今ある困難を乗り越え、その先の協働の成功にもつながると確信しています。

■調査協力（2014年12月10日、19日現地取材）
　岩永幸三氏（認定NPO法人日本IDDMネットワーク副理事長兼事務局長）
　原田雄弘氏（カバヤ食品株式会社取締役商品開発部長）
　岡本智志氏（カバヤ食品株式会社研究室室長）
　松村さくら氏（カバヤ食品株式会社商品開発部広報室）
　岩本紘子氏（カバヤ食品株式会社商品開発部広報室）電話取材

審査員から………………………………………………………
　企業とNPOが対等の立場で社会問題解決に臨んだ協働事業でした。プレゼンテーションも説得力があり、会場の皆さんも同じ思いだったと思います。今後の事業の発展に期待を持たせるのに十分な事業だったのではないかと思います。1型糖尿病が「治る病気」になることを信じて。今日は本当におめでとうございました。

（目加田説子 委員長　中央大学総合政策学部・公共政策研究科教授）

case 2

第11回日本パートナーシップ大賞優秀賞
「健康手帳電子化システム開発」事業

福島の子どもたちを被曝リスクから守れ！
～児童養護施設のための健康管理ソフトの共同開発

NPO法人福島県の児童養護施設の子どもの健康を考える会 ＋ 福味商事株式会社　宗教法人日本ルーテル教団

　東日本大震災にともなう原発事故の被害に見舞われた福島県。原発周辺地域に住む子どもたちに与える低線量被曝の長期的な影響は未知数とされています。被曝リスクを避け県外へ我が子を連れて避難する親たちがいる一方で、福島県内8ヵ所の児童養護施設では、さまざまな事情で親族による養育を受けられない子どもたち約350名（2015年9月現在）が共同生活を送っています。

　こうした子どもたちの健康管理について、これまで各施設への公的な支援は必ずしも十分なものではありませんでした。そこでNPO法人福島県の児童養護施設の子どもの健康を考える会（以下、考える会）は、子どもたちの被曝モニタリング検査に加えて、母子手帳すら持たない子どもの成長記録も「健康手帳」にまとめて卒園生へ渡してきました。さらに、生涯にわたる長期的なデータ保存と効率的で質の高い健康管理の提供を行います。NGOやキリスト教団体の助成を得ながら地元企業である福味商事株式会社と共に、健康手帳のソフトウェア化を行い、県内の養護施設への普及を進めました。現在では、児童の日常生活の記録、自立支援計画とも統合した、汎用性が高い児童支援記録を追加した拡張版の開発も開始しています。

❶「健康手帳」電子化に至るまで　　協働の背景

NPOの設立

　福島市内のアパートの一室に拠点を構える考える会は、東日本大震災後の2012年2月に任意団体として設立された団体です（同年10月に法人

登記)。考える会の活動は、震災から約半年経過した2011年8月、当時、小児看護学の大学教授（武蔵野大学看護学部）であった澤田和美さんが、被害状況の聞き取り調査のため、福島市内の児童養護施設青葉学園を訪問したことにさかのぼります。澤田さんは、「いかに子どもたちが被曝による健康被害の脅威にさらされているか、その状況を見聞きし深く心を痛めた」といいます。不利益な状況におかれた施設の子どもたちの健康を守ろうと、澤田さんは大学教授の座を投げ打ち、東京から福島に居を移し、他の看護系大学教員とともに支援活動の基盤をつくっていきました。

　まず、子どもたちや職員を対象に尿中セシウム検査を開始し、生活状況を尋ねながら改善に向けてのカウンセリングを実施しました。つぎに各施設に食品放射能測定室を設置するため、資金提供団体とのすり合わせを開始しました。ポケット線量計による小規模ホームごとの測定も開始し、施設内のホットスポットの線量低減化のため、NGO等に改修工事資金の提供者になってもらえるよう結び付けることも行いました。

健康手帳の作成

　中でも力を入れたのが、考える会メンバーの看護学の高い専門性を活かした健康手帳の作成事業です。通常、児童の健康管理は職員が行っていますが、職員数が不足しており、放射性物質から身を守ることを児童に教えたり、広く行政や市民に訴える余裕はありません。今後、児童に被曝による健康被害が万一発生した場合、事故後からの健康状態を証明し、適切な医療が受けられるためのデータを蓄え、自分でそれを証明していくことが求められます。こうした健康記録は、まさに「子どもたちの将来の命にかかわるデータ」（澤田さん）であり、本人の成長過程を記録する観点から、いつでも振り返ることができるようしたいと澤田さんたちは考えました。

　そこで、考える会は、2013年3月の卒園生から順次、個人の身体発達、学校健診結果、受診・投薬・予防接種記録、甲状腺エコー・尿中セシウム等の被曝モニタリング検査の結果について伝える紙版の健康手帳を各施設から卒園生に贈る取り組みを始めました。なお、この紙版の手帳づくり事業では、福島県の市民活動を支援するサントリー・SCJ（Save the Children Japan）の助成（フクシマススムプロジェクト）を受けることができました。

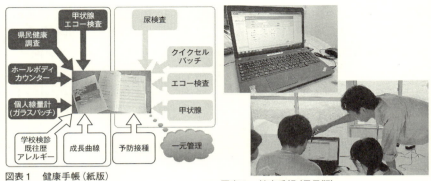

図表1　健康手帳（紙版）
（考える会提供）

図表2　健康手帳（電子版）

　さらに、卒園した児童自身や引き取り先の親が紛失してしまうリスク（個人情報漏えいのリスク）を考慮して、澤田さんたちは紙媒体から早期に電子版への移行が妥当と考え、電子化システム事業のために2つの施設からヒアリングを実施し、同時に地元ソフト開発業者の選定を進めていきました。
　とくに施設内で30年以上保管でき、必要時「健康手帳」を再発行ができるソフトウェアを開発して、バージョンアップを随時行い、新しいOSにも対応できるようにすることが最大の課題となりました。また、被曝モニタリング検査結果の箇所以外の成長や予防接種の記録は、県外の施設でも使えるよう汎用性の高いシステムとしました。この事業を通して、全国の児童養護施設のモデルとなることを目指したのです。

❷ ソフトウェアの共同開発　　　協働のプロセス

ソースコードの無償帰属

　考える会は、2013年度から電子版の健康手帳ソフトウェア開発を検討し、児童の日常生活を記録する「児童記録」の電子化をすでに行っている児童養護施設に、福島県内の業者の紹介を依頼しました。そしてこの施設との取引が以前からあり、健康管理システム、乳幼児医療費支給システムなどを開発している、福味商事株式会社を紹介されました。同社は、防疫薬品や環境資材の販売を行う一方、県内自治体の健康管理システム

の構築を行っており、地域の情報に精通していることから、2013年11月にパートナーとして選定されました。同社も児童の放射線被ばくの問題について「同じ福島県人として見過ごせない」（事業担当者の鈴木貴行さん）という思いがあり、地域住民の健康支援を事業の柱とする同社のミッションに少なからず合致していたのです。

福島県の児童養護施設の子どもの健康を考える会代表理事の澤田さん（前）、日本ルーテル教団牧師の安藤さん（後）

他方、考える会は事業費の助成団体を探しており、2014年1月に日本ルーテル教団（以下、ルーテル教団）からの助成が正式に決定しました。健康手帳のアイデアそのものは、考える会の共同代表者が長年の小児がん看護の研究と臨床実践を応用したもので、知的財産でもありました。その財産が、福島の子どもたちのために未来永劫に適切に使用されるよう、委託契約に準じてルー

福味商事常務 安達さん（左）、情報システム事業部次長 鈴木さん（右）

テル教団に版権を預けました。教団の牧師で、東日本大震災支援対策責任者の安藤政泰さんは、片手間ではなく大学の職を辞してまで活動に専念する澤田さんの取り組みを見て、「その覚悟にひかれた」といいます。

他方、ソフトウェア開発にあたっては、福味商事も、ソースコード（基本プログラム）を委託元のルーテル教団に帰属させる形をとりました。通常、ソースコードを委託元に帰属させる場合は別料金が発生するところ、福味商事は例外的に無償で教団の帰属としました。これは、契約関係が切れた後も、プログラムの不具合や改良に対応するために、児童が成人した後の長期にわたってプログラムの改変を可能にすることが求められていたからです。

事業リスクはどう回避しているか

次に事業の進捗管理について見てみましょう。

考える会がルーテル教団の法務担当の協力を得て4者間の契約文書を周到に準備し、進捗管理も定期的に行っています。協働事業の記録は、4ヵ月に1回（2015年からは6ヵ月に1回）ニュースレター（団体HPで開示）で支援者その他に向けてつぶさに報告されています。

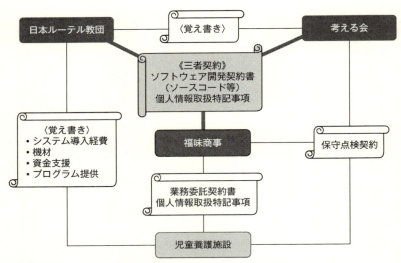

図表3　システム開発における当事者間の契約関係（考える会提供：一部加工）

　また児童養護施設の現場からの問い合わせは、一旦考える会の担当者に寄せられ集約管理された上で企業の担当者に届けられています。企業側も専用ダイヤル（携帯端末）で対応するなど協力的です。企業の担当者から、毎月、考える会に対して報告活動が定期的になされており、考える会側もスポンサーの教団と半年に一度、施設の使用状況について情報共有するしくみが出来上がっています。

❸ 県内児童養護施設へのシステム導入　　協働の成果

徹底した導入支援

　2014年2月から段階的に一施設から聞き取りを始め、福島県内の7施設について施設ごとの記録用紙に合わせて帳票を作成し、既存のシステムからのデータ変換方法を検討していきました。電子化システムの合同説明会を開催した5月以降、各施設と福味商事がシステム導入のための契約締結に至りました。これには、ルーテル教団が貸与するPCにソフトウェアをインストールすることが含まれています。

　これら7施設のうち4施設は福味商事本社から100キロ近く離れていますが、同社担当者には施設へのヒアリング実施や機材設置などの際に

随時出張してもらっています。また施設ごとの個別指導や保守点検についても、担当者が特設の携帯電話をもち、実質無制限で応じてくれています。さらに、施設ごとに出される要望にも随時応えて、ソフトウェアの更新に協力しています。

「利益がすべてでない」

すでに児童養護施設に納入の実績のあった福味商事としては、施設の記録がデジタル化されていない現状、施設職員のITに関する知識や技量の不足をある程度理解していました。しかし本ソフトウェアの開発過程であらためて手書きの記録で職員の負担が増している現状を知り、健康記録の改善、職員の負担軽減のため、契約時には消極的であった各施設への個別対応も頻繁に行うようになりました。当初、開発委託事業として請負ながらも、被災地の復興を同じ福島県人として支援するという意識のもと「採算をないがしろでもやるべきことある。利益がすべてではない」と社長自らが取り組みを指示していったのです。

この結果、当初の見積額はソフト開発のみで約723万円であったところ、最終的に契約価格は約457万円に抑えられました（2014年2月）。また貸与PCや付属品は考える会が選定することになっていたものの、契約外ではありましたが期間限定業者提供の特別価格のPCを福味商事が事務購入手続きを無償で行い、廉価での購入が可能になりました。

事業モデルのさらなる展開に向けて　協働の広がり

システム運用の開始

7月には仮ソフトウェアが完成し、2施設にてテストランを開始しました。2014年10月時点で福島県内のほぼすべての児童養護施設（閉園予定の1施設と既存のシステムからの移行に支障があり実働を取りやめた1施設を除く6施設）でシステム導入が進み、当初目的はほぼ達成されたといえます。手書きの記録のため、これまで確認等の手間があった施設で、予防接種記録などの電子データ化により児童の健康状態の経過や職員間の情報共有が簡便になるなど、さっそく効用が上がっているようです。ただし既存記録のデータ化に手間がかかるなどの課題があり、考える会の職員が手伝うなどして応急的な対応を余儀なくされている側面

もあります。今後はソフトウェアの利便性をより高め、恒久的に使ってもらえるよう施設側の事情に即した運用を図っていくことが求められています。

全国への情報発信

　考える会のこうした取り組みは、西日本の児童養護施設関連のセミナーにおいて施設側の協力を得て事例報告されるなど、事業モデル（健康手帳の電子化）の全国ノウハウ移転を意識した情報発信活動が当事者によって始められました。また将来的には、健康記録に留まっている現在のシステムを拡張して、従来の児童支援記録（生育記録や学校状況を記載したもの、支援計画・評価）とうまく連動させることで総合的な支援記録を可能にしたいと考えています（2015年9月よりテストラン開始）。その他、災害時のバックアップ機能も有する（施設外に安全に持ち出し可能であることから避難時にも情報共有できる）ことから、全国の施設で使用できるソフトウェアとしてもさらに協働事業を展開しています。たとえば東北ブロック児童養護施設協議会では、施設内の健康管理の質の向上と災害対策の観点から活用を希望しています。

❺ まとめにかえて　　　　　　　　　　　協働の評価

　本事業は、原発事故の影響に揺れる福島において、子どもたちの健康管理という課題に多様なセクターが協働で取り組む先進的事例といえるでしょう。まずこの課題にNPOならではの専門的知見を以てアプローチしているのが特徴的です。考える会はこれまで、児童養護施設の入所児童の放射線影響のモニタリングの必要性を訴えてきました。同団体の活動は、ルーテル教団から5年越しの支援を受け（2017年に支援終了の予定）、現在も世界各国の教団支部から支援金が寄せられるなど注目度は高いものがあります。最終的な受益者である入所児童にとって、モニタリング記録の点では健康手帳の電子化による恩恵を直接実感する機会は少ないかも知れませんが、成長記録の要素も併せ持つことから、今後の健全な成長発達に陰ながら寄与することが期待されます。

　他方、福味商事の取り組みも、児童の長期的健康管理の視点に立ち、開発ソースコードを無償で支援団体に譲渡するなど、中小企業の地域貢

献の取り組みとしては先例となりうるものです。これまでNPOとの協働の経験がなかった同社ですが、福島の子供たちのために信念と情熱を以て行動している澤田さんの姿を見て、「深い感銘を受け意識づけが変わった」と担当者の鈴木さんはいいます。社長も採算は二の次で事業協力する決断を行っており、朝礼等で社員全員に語りかけることもあるようです。企業側のNPOとの協働は緒についたばかりですが、今後のネットワークの広がりを期待したいと思います。

さらに、本事業ではスポンサー側の教団も、単なる資金援助に留まらず、考える会や企業、児童養護施設との複雑な法的権利関係を処理する知見を提供したり、施設側の実情をつぶさに把握してシステム導入の予定変更に十分に対応したりするなど、自ら事業に主体的に参画している点が特筆されます。NPO、企業、スポンサー、児童養護施設の4者間の協働のマネジメントを進める上で、教団が果たした意義は少なくなく、そうした点からも本事業の効果性を高めています。

原発事故による被曝の影響にさらされた児童、それも社会的な支援が必要とされる境遇の子どもたちを救おうという当事者の思いがひとつになった事業として、協働の価値が大いに評価され得る事業といえるでしょう。

(文責：高浦康有)

■調査協力・参考資料提供（肩書は2014年12月3日の取材時のもの）

澤田和美氏（福島県の児童養護施設の子どもの健康を考える会・共同代表）
安達享氏、鈴木貴行氏（福味商事・常務、同・情報システム事業部次長）
安藤政泰氏（日本ルーテル教団・牧師／東日本大震災支援対策責任者）
神戸まり子氏（青葉学園・副園長）

審査員から

この事業は、実質児童養護施設を加えた4者の協働で、契約書もしっかり交わしています。原発の影響を受け2重、3重に不利益を被っている児童養護施設の子どもたち。そんな中で、大学の職を投げ打って福島に飛び込んだ澤田さんを先頭に、みんなで健康被害を出来るだけ食い止めようとしている熱意を強く感じました。福島の子どもたちの健康が守られるようしっかり頑張って下さい。

(岸田眞代　PSC代表理事)

case 3

第11回日本パートナーシップ大賞優秀賞
「天然石けんづくりで女性の収入向上支援」事業

徹底的なこだわりが生み出した、高い品質の石けんを生産する女性たち

NPO法人シャプラニール＝市民による海外協力の会　＋　太陽油脂株式会社

　発展途上段階にある南アジアの、より貧しく、よりアクセスの悪い支援の届きにくい遠隔地バングラデシュとネパールで、一家の稼ぎ手である女性たちが、生活を支える収入を得るため「石けん」を作り始めました。誰に教えを受けたわけでもなく、取り寄せた資料を基に試行錯誤の末、完成したものですが、品質にかなり課題があり、上手く流通していませんでした。収入を安定させるためには、品質を安定させ、流通経路も開拓しなければなりません。

　そこで、バングラデシュとネパールで数々実績のあるNGO「NPO法人シャプラニール＝市民による海外協力の会（以下、シャプラニール）」と天然石けん作りの老舗企業「太陽油脂株式会社（以下、太陽油脂）」が力を合わせて支援し、化粧品のような品質を持つ「天然石けん＝She」が誕生しました。

　本協働事業は、第11回日本パートナーシップ大賞において、優秀賞を受賞しました。

❶「石けん」を生産する女性たち　　協働事業のプロセス

バングラデシュとネパールで生活向上支援

　バングラデシュのマイメンシンで石けんを生産している彼女たちは、現金収入を得られる仕事が少ない農村地帯に生活し、生きるためにセックスワーカーにならざるを得ない状況にありました。ネパールのピュータンでも、出稼ぎに行った夫からの収入が途絶え、現金収入がほとんど無い状況下で、共に自分たちで現金収入を得たいという強い希望があり、手工芸品で女性たちの収入向上をめざすことを目標として事業をはじめ

ていました。そのひとつが、南アジアに古来から伝わるアユールヴェーダ（インド大陸の伝統的医学）で使用されてきた自然素材を使った天然石けんの製作でした。

シャプラニールは1972年、独立直後のバングラデシュの農村で、経済的に貧しい人々への生

ネパールの石けん生産工房

活自立支援活動を行うため、日本の若者有志によって結成された、歴史あるNGOです。社会や他の支援団体の支援から「取り残された人々」を支援しており、バングラデシュやネパールを中心に、児童労働の撲滅活動や、サイクロン、洪水といった自然災害の多発地帯での地域防災支援活動などを実施しています。また、バングラデシュとネパールの11のフェアトレード団体（手工芸品を生産する団体）をパートナーとして、フェアトレード商品の開発、生産を支援しています。パートナー団体との関係は、単に生産品の流通支援だけではなく、クラフトリンクというフェアトレード雑貨の専用流通システムを構築し、生活向上プログラムの提供を行っており、研修や情報提供等、パートナーという呼び名に相応しい支援策を提供しています。

「石けん」で収入を得るために

2009年11月、シャプラニールの植田貴子さん（当時クラフトリンクグループ）は、バングラデシュに出張で訪れた際、生産パートナーから、「石けん」の取り扱いの打診を受けました。もともと自然素材だけで製作された石けんの無いバングラデシュで、女性の収入確保のため立ち上げた工房で生産されたナチュラル石けんは、買い手がつかず、困っていたのです。同じ頃、ネパールからも石けん作りを始めた女性たちの情報が寄せられたため、シャプラニールは、販売の可能性の調査を目的に、バングラデシュとネパールの4箇所の石けん工房を訪問しました。出会った生産者たちはそれぞれつらい事情を抱えながら、やっと収入を得ることのできる仕事につけたと希望をもって石けん作りに従事していたのですが、生産した石けんが売れないということが、生きていけないという危機につながる重大な悩みであったことがわかりました。

そこで、その石けんをそのまま日本で販売できないかと模索をしました。ところが、当時の石けんは油のにおいがきつかったり、虫がはいっていたり、パッケージデザインがよくないなど、さまざまな問題があることがわかりました。翌2010年、シャプラニールは活動指針のひとつである、「より経済的・社会的に厳しい状況にある生産者たちの雇用創出や生活向上の実現」のため、課題の改善を前提に、取り扱いを正式に決定しました。しかし、そのままで販売ルートに乗せることは大変難しく、品質やパッケージなどの改善には強力な支援も必要だということがわかっていました。資金的支援は、日本と海外の企業の円滑な貿易・投資の促進を目的に設立された、独立行政法人日本貿易振興機構（ジェトロ）の「開発輸入企画実証事業」に応募し採択され、本格的に価値ある商品の開発に取り掛かることになりました。

❷ 人と地球に優しい「石けん」を作ろう　協働事業の製品

品質と安全性を求めて

　シャプラニールは、雑貨としてではなく「化粧品」としての品質及び安全性を確保した天然石けんを、生産地の女性たちが安定して生産できるようになるために、製品の開発と生産管理への支援を現地の団体に提供しようと考えました。

　そこで、天然石けんの生産では70年余の実績を持ち、国内屈指の老舗企業のひとつである太陽油脂に相談を仰ぐことにしました。それまで全く接点はなかったため、「紹介もなく、完全な飛び込みでした。」とシャプラニールの勝井裕美さんは当時を振り返りました。

　太陽油脂では、「人と、地球に優しい」にこだわった食用油脂製品と石けん製品を通じて、「安心安全な生活」と「環境にやさしい生活」の提供をめざし、販売品は化粧品やトイレ用製品まで幅広く扱っています。そして、環境にやさしい取り組みとして工場見学や市民向け講習会などを行っており、こうした活動を海外に広げたいと考えていました。シャプラニールの申し出はある意味今後の事業展開への試金石になると予想しました。が、それよりなによりシャプラニールの理念や、本協働事業の最終的なゴールである、生産者の生活を向上させたいという想いに深く共感し、石けん生産技術の提供を柱にした協働事業のパートナーとし

ての依頼を快諾しました。家庭品販促・開発部主任の佐藤健一郎さんは、依頼を受けた僅か1ヵ月後の2010年8月、バングラデシュとネパールの工房を訪れています。最初はどのように技術の支援をしたらよいのだろうと不安に思っていたそうですが、実際に生産工程を視察し、生産者たちが独学で学んでつ

バングラデシュにて生産工程を確認する佐藤氏（2010年8月）

くっていた「石けん」が、まったく見当違いなものではなかったことから、石けんづくりの基礎はできていると確認ができ、安心し、その場で品質改善の指導を開始しました。佐藤さんは「改善すべき点はさまざまあるが、石けんづくりはシンプルで、基本的な作り方は世界共通なことから、生産工程と生産環境の改善と維持ができればきっと良質な製品ができると確信を得た」と当時を思い出していました。

生産者の意識向上

　太陽油脂の佐藤さんは現場を視察したことにより、目分量で調合していた材料をきちんと測ることや、その計量カップも汚れたままにしないで毎回洗浄すること、異物の混入を防ぐため、生産工房の環境整備等、生産者に細部にわたる具体的なアドバイスをしました。帰国後も、佐藤さんはシャプラニールを通じて、関係資料を現地に届けたそうです。アドバイスを行ううえで着目していたのは、生産者の意識の向上でした。単純に指導するという方法ではなく、生産者の求める結果を出すための手法を丁寧に伝えました。その結果、バングラデシュとネパールには「第2第3の太陽油脂の工場」ではなく、彼女たちならではの工夫の詰まった工房が完成していきました。

　2011年1月、品質が安定した「She」というブランド名の石けんが販売開始となりました。販売に先駆け、生産地ごとに2ライン、さらに用途ごとに各4種、合計8種類の石けんの化粧品の

2011年5月新宿伊勢丹ビューティアポセカリーにてデビュー

製造輸入販売申請を提出し、厚生労働省から許可を得ています。6月には、まさに雑貨ではない『化粧品』としての天然石けんが、日本のフェアトレードショップに並び、大手百貨店では化粧品としての販売が始まりました。2012年1月にはネパールで生産された「She」も販売が開始され、2011年度の年間売り上げは775万円となりました。

❸ 化粧品売り場の「She」　　協働事業の成果

品質の安定性

　化粧品として販売が開始されて以降、生産者にとってやりがいはますます高まっていきました。石けん素地の撹拌の終了のタイミングや、発生したカビの原因追求など、生産者から出される課題への佐藤さんのアドバイスも更に熱心になっていきました。その年の12月には、生産者5名が、「She」を支える日本のメンバーの招聘により来日しました。大手百貨店の「She」売り場を見学した際には、大変感動し、また発送業務を担当している部署での検品作業の見学では、その正確さに驚いていたといいます。太陽油脂の工場視察と研修は、2日間を費やし、彼女たちからは、多くの質問が出たとのことです。その後行われた講演会で佐藤さんは、「石けん作りを教えているというよりも、一緒に作り上げている技術者仲間だと思っている。品質もとてもよいので、自信を持って欲しい」とメッセージを出したと記録に残っています。

　現地に戻った彼女たちは、学んだ内容を自分たちの環境や状況に合わせ、工房内でのヘアーキャップ装着や内壁の滑落を防ぐ壁面保護など、独自にアレンジして取り込み、独自に生産環境の改善をするとともに、製造工程を文書化し工房内に張り出すなど、記録作成を実施し、ますます意欲的に業務改善に取り組むようになりました。その結果安定した製品の増産が可能となり、2014年度の年間売り上げは842万円と順調に伸び、発売から2015年1月末までの販売本数は約3万7500本、売り上げは3240万円となりました。

収入の安定

　2009年、バングラデシュの生産者は3人でしたが、2014年には20名になり、国内で買い手のなかった状況から、リゾートホテルの客室に常備

されるなど販売ルートは確実に広がって行きました。さらに、オーストラリアやアメリカ、スウェーデンにも取引が拡大しています。生産者の収入面においても、当初月給1000タカ（日本円で約1000円）という安さで、元の職業に戻るスタッフが出ることもありましたが、2014年8月現在、5000タカと改善され、経済的な変化が生まれました。自分の持つ技術でお金を稼ぐことができ、生きる自信を持てるようになったと言います。バングラデシュの一般ワーカーの平均賃金が約6800タカ[※]であることと比較して、確実に生活を支える収入に近づいているといえるでしょう。　　※国土交通省土地・建設産業局国際課ホームページより

　収入が安定するという経済的な成果は、生産者の衣食住を改善し、子どもたちの教育へと広がりました。また、「She」は、2013年ソーシャルプロダクツ・アワード（一般社団法人ソーシャルプロダクツ普及推進協会主催）で優秀賞を受賞する等、大きく評価されたことから、自分たち自身に自信を持つことができ、家庭やコミュニティでの地位の向上も見られてきています。

展開する「She」

　高い品質が安定し、生産量もコントロールできるようなったため、シャプラニールでは、アレンジ製品の企画を考案し、母の日ギフト用の「She Mother ソープ」、クリスマス限定「She Christmas ソープ」の発売、バングラデシュの生産パートナー団体が陶器生産を依頼している団体の研修を受けた現地の生産者による「She ソープディッシュ」の製作、東北震災被災地の「東北グランマ」製作のマシュマロネットとのコラボ販売、リピーター向け簡易パッケージ製品の販売など、次々と新しい取り組みを続けています。

母の日用 She Mother ソープ

❹ 理念と技術の融合　　協働事業の未来

尊重する相手の想い

　本協働事業は、企業側が、突然飛び込んできたNPOの理念に共感し、企業の得意分野を活かすことができるならと、かなり速い決断をして始

まった協働事業です。

　太陽油脂　家庭品販促・開発部主任の佐藤健一郎さんは、「本事業を進めるにあたり、協働相手であるシャプラニールの理念に深く共感し尊重しています。本協働事業の最終的なゴールである、生産者の生活の向上を常に意識して、企業の得意分野である、技術支援を進めてきました。また、企業の強みを国際協力にどのように活かすことができるかがわかったことは会社の発展に繋がると思う」と言っています。お互いの強みを尊敬しあい、その強みを惜しみなく出し続けたことが、目標にしっかりと繋がったといえるでしょう。

　そして、シャプラニールの勝井さんは「とかくフェアトレード製品は、生産者のストーリー性に着目しがちでしたが、とことん品質にこだわる太陽油脂の努力を惜しまない姿勢に学んだことは多かった」といいます。現在、この石けんの収入はシャプラニールの大きな柱になっているそうですが、収入面だけではなく、衣料品や食器などの耐久品から、繰り返し購入する石けんという食品ではない消耗品へラインナップを拡げることができたことは、フェアトレードの発展に大きく寄与した事業と考えられています。シャプラニールにとって、従前の企業とのかかわりの中で、技術支援に特化したものはなく、協力関係の新しいカタチを見い出す事のできた革新的な事業と捉えています。

想いは重なる

　インタビューは2014年12月18日の午前と午後に別々に実施しました。シャプラニールでは、現在本事業担当の勝井さんにお話を伺いました。

　勝井さんは今回の協働事業を振り返って、「品質にとことんこだわる企業の精神に感動しました。そのための努力は決して惜しまないということも改めて教えていただきました。NGOは体質的に独自に頑張りがちなのですが、今まで接触の機会の無い方々と目標に向かって事業を進めていく経験は、今後の事業展開にとって大きな意識の変化がありました。まだまだ製品に関することや、今後の展望など、相談に乗っていただきたいことは沢山あるので、長くお付き合いできると嬉しいです」と今後への期待を覗かせていました。

　インタビュー当日、シャプラニール事務所の隣で、取り扱っているフェアトレード製品のバザーが開催されており、「She」ほか数点のフェアトレード製品を購入しました。その「She」をもって、太陽油脂の佐藤

さんの元へ向かいました。

　インタビュー終了後、佐藤さんは、「She」を手に取り、まんべんなく状態を観察し、次のアドバイスを思いついたようでした。そして「今後も太陽油脂の技術支援を継続し、肌廻りの製品（スキンケア）などの生産ができたらよいですね」と言いました。それはいみじくも、シャプラニールの勝井さんと同じ展望であったことを伝えると「まだそのことについて話しあったことはないですよ」とのこと。理念や目標を共有し、尊敬し合える関係を続けると、次に目指すもののイメージが重なってくるのだと、改めて本協働事業の優れた関係を見せ付けられた気がしました。

「she」ソープを前に熱く語る勝井さん

　生い立ちも、組織形態も違う両者による協働事業ですが、両者がごく自然に近づきあい、ある程度の距離感を保ちながらも、思う方向が似てきていることは、ベストパートナーであることの証明のように感じました。シャプラニールにとっても、太陽油脂にとってもこの協働事業が、次のステージへの第一歩になったのではないでしょうか。

（文責：手塚明美）

■調査協力（2014年12月18日現在）

　勝井裕美氏　（NPO法人シャプラニール＝市民による海外協力の会クラフトリンクグループチーフ）

　佐藤健一郎氏（太陽油脂株式会社家庭品販促・開発部主任）

審査員から……………………………………………………………………

　NPOが飛び込みで企業に協働を持ちかけるのは大変珍しく、本来なら難しいことです。また、企業の技術指導でここまで進展したのはすばらしいと思います。私もこの石鹸を愛用しています。少々お高いですが、豊かになった日本人が行っていくべき社会貢献であると思います。企業内の意識も変わったとのお話でした。今後も世界で雄飛していただきたいと思います。

（佐藤正敏氏　1%（ワンパーセント）クラブ会長）

case 4

第11回日本パートナーシップ大賞サンクゼール賞

金融基礎教育「マネーコネクション®」事業

若者のニート化予防をめざして

認定NPO法人
育て上げネット ＋ 株式会社新生銀行

　金銭基礎教育「マネーコネクション®」(以下、「マネーコネクション®」)は、認定NPO法人育て上げネット(以下、「育て上げネット」)と株式会社新生銀行グループ(以下、新生銀行)が共同開発した「ニート化予防をめざした金銭基礎教育プログラム」です。

　このプログラムは主に高校生を対象とし、学校からの依頼に応じて「育て上げネット」に登録する認定講師が授業を実施します。一部のプログラムでは、新生銀行の社員もファシリテーターとして参加しています。

　2006年、約1000名(実施9校)の高校生を対象としたパイロットプログラムを皮切りに、2015年3月末までに全国602校、8万2465名の学生がこのプログラムで学んでいます。2008年からは行政機関との連携も始まり、金銭基礎教育の社会インフラ化に向けた活動が進められています。

　現代社会では学歴や職歴に関係なく誰しもが些細な要因でニート化、いわゆる無業状態に陥る可能性があります。その予防には、お金に関する知識と正しい金銭感覚を身につけることが必要です。生きていくために必要なお金や物の価値について考える機会を若者に提供する、それが「マネーコネクション®」事業なのです。

　この協働事業は、若者の社会参加と自立に取り組むNPOと「次世代の育成」をCSRの中核と位置づける金融機関が協働した、日本初のニート化予防プロジェクトです。

❶ 生きていくためにはお金がかかる　　協働事業の目的

育て上げネットのミッション

　「マネーコネクション®」で中心的な役割を担っている育て上げネットについてご紹介しましょう。育て上げネットは、「若者と社会をつな

ぐ」ことを使命とし、すべての若者が社会的所属（注：安心を実感し挑戦できる関係性を有する場を意味します。）を獲得し、働き続けることができる社会の創出をめざしています。

「就学していない、働いていない、職業訓練もしていない」という、いわゆるニートと呼ばれる若年無業者は、全国で63万人（平成21年度総務省統計局「労働力調査」）いわれています。若者を取り巻く状況は年々厳しさを増しており、国や自治体の政策だけでは若者の自立支援は十分とはいえません。

講師養成講座を受講し、認定された講師が授業を担当する

育て上げネットは、「社会経験の穴」を埋める場づくりを通じて、社会的排除の危険に晒されている人々を支援し、その家族へのサポートも実施しています。また、地域社会、行政、企業と連携し、ニートの自立化およびニート化予防を支援する「社会的投資」の担い手を増やしています。

次世代の育成―新生銀行がめざす未来社会

育て上げネットとパートナーを組む新生銀行は、良き企業市民として社会的課題の解決に寄与するため、社会貢献活動に取り組んできました。社員参加型の社会貢献活動を推進し、「次世代の育成」と「環境」をCSRの中核課題と位置づけています。

新生銀行の前身は、1952年に設立された日本長期信用銀行（以下、旧長銀）です。旧長銀は、金融債の発行で調達した長期資金を企業に融資してきましたが、バブル経済の崩壊によって貸し倒れが頻発し、経営破綻に追い込まれました。旧長銀時代の事業構造から脱却し、リテール（個人金融）と法人向け金融分野を重視したビジネスモデルによって事業基盤の確立をめざす同行にとって、「次世代の育成」は将来の顧客創造にもつながる重要な取り組みといえるでしょう。お客様が必要とする金融商品や簡単かつ低コストで取引ができるサービスを提供する銀行、これが社会から求められる金融機関の理想の姿なのです。

「マネーコネクション®」は、こうした新生銀行の社会貢献活動の理念と育て上げネットの思いが結びついて展開されています。

❷ 若者を支援すること、それは社会投資である

協働事業のプロセス

　無業状態に陥る主な原因のひとつに、「お金に関する正しい知識や金銭感覚の欠如」があります。日本の学校教育では、生きていくために必要なお金やモノの価値について考える機会がほとんどありません。多様化する雇用形態や働き方による生活スタイルの違いを知り、「お金」と「働き方」の関係性について若者が自ら考える場を作ることが必要なのです。

　就職等による自立が困難になっている青少年に対して、社会参加基礎訓練や模擬的な就業体験の場などを提供することを目的として設立された育て上げネットは、ジョブトレといわれる若年者就労基礎訓練プログラムを展開してきました。このプログラムは、青少年が未就労状況から脱却し、自立の機会を獲得することを目的としたものです。ジョブトレは社会性や協調性を再構築する「場」を提供するプログラムであり、無業状態に陥った青少年に対して「働き続ける」ために必要な力を涵養する、いわば対症療法的な支援です。

　「ジョブトレ」の活動を通じて、育て上げネットは無業状態に陥らないための予防的支援策の必要性を強く感じるようになりました。無業状態に陥った若者たちは、1人として望んでそのような状態になったわけではありません。対症療法的に無業状態の若者を支援するだけではなく、無業状態に陥ることを未然に防ぐ予防的支援が大切なのです。

　無業状態に陥る理由はさまざまですが、「お金に関する正しい知識や金銭感覚の欠如」は大きな原因のひとつです。ある若者は、「アルバイトで3万円ぐらい稼げば自立できる」と答えています。彼の頭の中には家賃、光熱費、食費、税金、社会保険等の知識がまったくありません。

　生きていくために必要なお金に関する正しい知識を身につけ、長期的な視点で働き方を考えることが、無業状態に陥らないための最善の予防策となるのです。自分の人生とお金の関係を真剣に考える「場」を作れば、不本意な無業状態から若者を救うことができる。その思いが「マネーコネクション®」を生み出す原動力となりました。

カードやワークシートを使い、ゲーム感覚で「お金」について学ぶ

❸ 人生への希望を育む金銭基礎教育　　協働事業のしくみ

なおざりにされてきた「金銭基礎教育」へのチャレンジ

　2006年10月、育て上げネットとGEコンシューマー・ファイナンス株式会社（現在の新生フィナンシャル株式会社）の協働によって、「マネーコネクション®」はスタートしました。（注：2008年、新生銀行はGEコンシューマー・ファイナンスの全株式を取得し子会社化しました。）

　育て上げネットは、ニートや引きこもりの自立支援を行ってきた経験から、無業状態に陥ってしまった多くの若者が生活コストや金銭感覚に欠けていることに気づいていました。一方、世界各国で金銭教育を実施していたGEコンシューマー・ファイナンスは、日本社会の課題を踏まえた金銭教育の展開を検討していました。その検討過程で、無業化状態の予防という課題が浮かび上がってきたのです。そして、GEコンシューマー・ファイナンスは、ニートの自立支援分野で豊富な知見を持つ育て上げネットに関心を寄せ、「お金に関する教育を通じて若者の自立支援を行う」という両者の目的が合致し、協働事業が始まりました。

　当初は、プログラムの充実と周知を中心に活動が展開されました。東京大学社会科学研究所の玄田有史先生ら有識者を招いてプログラム案を作成し、高校等での実施を通じて改訂を進め、プログラムや授業方法の充実を図ったのです。育て上げネットは、新生銀行が提供したプロジェクトマネジメント手法を積極的に取り入れていきました。NPOが持つネットワーク、実行スキルと企業保有するマネジメントノウハウなど、両者の強みを統合することで、完成度の高いプログラムを作りあげることに成功したのです。

　GEコンシューマー・ファイナンスから商号を変更した新生フィナンシャルは資金援助にとどまらず、プログラムの共同開発、アドバイス、人材面でのサポートなどにも積極的に関与していきました。新生フィナンシャルから本事業を引き継いだ新生銀行は、広報やマネジメントのノウハウを活用した周知活動を積極化し、高校との接点を増やしていきました。

　近年、金融機関、証券会社、保険会社等が積極的に金融教育を行っています。しかし、教育内容をみると知識や概念の提供にとどまっているケースが少なくありません。従来の金融教育と「マネーコネクション®」

の違いは、「生きるためにはお金がかかる」「将来の生活を考えて働き方を選ぼう」という切り口から、生き方とお金の問題を正面から取り上げることにあります。戦後の道徳教育で等閑視されてきた金銭教育。「マネーコネクション®」はこうした風潮に一石を投じる社会変革の一歩といえましょう。

生徒参加型の授業から生まれる高い参加意識

「マネーコネクション®」の特長は、リアルな金銭感覚をワークで磨きながら進路選択の真剣な検討を促すことと、生徒が主役になれるゲームを使ったワークとディスカッションにあります。

プログラムの特徴は……

・**リアルな金銭感覚を磨く**

教育現場でお金がタブー視されてきたことによって、子ども達は「お金」と「将来」のかかわりを学ぶ機会がないまま育ってきました。その結果、金銭感覚の欠如した若者が安易な進路選択によって、無業状態に陥るリスクが高まっています。このプログラムはリアルな金銭感覚を磨く機会を提供することで、職業選択を真剣に考えるきっかけを提供しています。

・**大人と触れあう場の提供**

親や教師以外の大人と触れあうことは、リアルな進路選択の一助です。ファシリテーターが生徒と積極的に触れ合うことで、生徒は社会や働く大人を感じることができます。新生銀行では、社員ボランティア290名（2015年3月末延べ人数）がファシリテーターとして参加しています。

・**ゲーム感覚で参加**

ワークシートを使った1人暮らしに必要な生活費についての理解、カードで働き方と収入を設定した生活スタイルのシミュレーション、暮らし方カードを使った10・20年後の暮らしのシミュレーションなど、生徒が面白いと感じる工夫が随所に盛り込まれています。

・**生徒が主体となる**

このプログラムは答えを与えません。常に生徒に「どう思う？」を投げかけながら、生徒1人ひとりが自ら答えを導き出すことをサポートします。

PROGRAM 1 「稼ぐ」編	PROGRAM 2 「使う」編
働くこととお金について考える	モノの価値とお金について考える
■カードを使ったワークで、稼ぎ方／働き方による生活スタイルの違いをシミュレーションで体感。 ■未来の生活をリアルにイメージさせることで、長期的な視点で稼ぎ方／働き方を選択することの気づきを与える。	■世の中の「モノ」を、今の自分に「必要なモノ」と「あった方がいいモノ」に分類。 ■カードを使ったワークで、仮想の立場や状況を設定。 ■仮想の立場や状況にマッチした、お金の使い方について考える。
プログラムの狙い	プログラムの狙い
◆一人暮らしのための生活コストを理解する。 ◆稼ぎ方／働き方による生活スタイルの違いを体感する。 ◆長期的な視点に立って、稼ぎ方／働き方を選択することの大切さを理解する。	◆「必要なモノ」と「あった方がいいモノ」の違いから、自分の価値観を把握する。 ◆価値観は立場・状況によって変化することを理解する。 ◆「使うこと」の社会への影響を解説し自分と社会のつながりを体感する。

「マネーコネクション®」プログラム内容
(出所)「Money Connection®」ホームページを基に筆者作成。

- ディスカッションで多様な意見に触れる

　グループワークやディスカッションを通して、他者の価値観に触れる機会を作ります。多様な価値観にふれることで、自分の将来を決めるのは自分自身なのだという気づきに導きます。

　このように、生きていく上で必要なお金と働くことの基本的な知識を楽しみながら学び、①１人暮らしのためにかかる生活コストの理解、②働き方や稼ぎ方で生活スタイルが変わることへの理解、③長期的視点に立って働き方や稼ぎ方を慎重に選択することの大切さ等への理解を深めるプログラムとなっています。

❹ 社会インフラ化に向けたビジネスモデルの創出　　協働事業の成果

　「マネーコネクション®」は、無業リスクの高い、卒業後の進路が多様な高校を中心に提供されてきました。初回授業については、新生銀行の支援によって無料となっていますが、２回目以降は実施する高校等が費用を負担します。

　１回の授業だけでは、無業リスクを低減させる効果は十分とはいえません。育て上げネットと新生銀行は、高校生に繰り返し考える「場」を提供する必要があると考え、リピート率50％の目標を掲げて取り組んできました。２回目以降の実施コストは学校側の負担となりますから、リピート率はプログラムに対する重要な評価指標となります。2014年度末

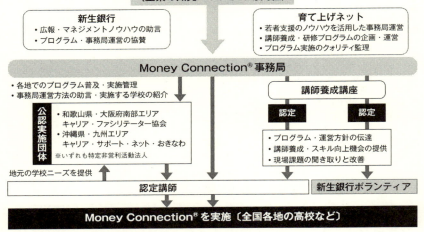

「マネーコネクション®」運営システム
（出所）「Money Connection®」ホームページを基に筆者作成。

のリピート率は、58.4％（222校／380校）となっています。

「育て上げネット」と新生銀行は、「マネーコネクション®」を社会インフラ化することを長期目標としています。両者のめざす社会インフラ化とは、「マネーコネクション®」を通じて、全国の若者への支援の輪を広げ、若者が無業状態に陥ることを予防するという社会変革を実現することです。そのためには、このプログラムが全国の高校のカリキュラムにビルトインされねばなりません。しかし、両者だけの活動には限界があります。この課題をクリアするために生み出されたしくみが、①認定講師制度の導入、②公認実施団体の導入、③地域金融機関との連携です。

認定講師制度［2009年7月］

認定講師制度は、「マネーコネクション®」の社会インフラ化を支えるしくみとして公認実施団体制度とともにスタートしました。講師として高校で「マネーコネクション®」プログラムの授業を担当する人材を養成するため、「マネーコネクション®」事務局が主催する講師養成講座（2日間）を修了した人を講師として認定します。授業のクォリティを維持するため、認定講師は1年ごとの更新制で、年1回程度のスキル

向上研修を受講することとなっています。認定講師制度の導入は社会貢献意識の高い人々を講師として巻き込み、プログラムの質を保証しつつ、多様性を確保することに貢献しています。

公認実施団体制度［2009年7月］

　公認実施団体は、各地域で「マネーコネクション®」を普及していく拠点として、「マネーコネクション®」事務局から認定を受けた組織です。公認実施団体は、自主的な運営の下、各地の高校や教育機関と連携しつつプログラムの普及を行います。

　公認実施団体の役割は、①普及・啓発活動、②プログラム実施先の開拓、③プログラムの実施、④ファンドレイジング（プログラムの継続的運営のための資金獲得）です。既にNPO法人2団体（キャリア・ファシリテーター協会、キャリア・サポート・ネット・おきなわ）が公認実施団体として活動を行っています。

地域金融機関との連携

　新生銀行は旧長銀時代から培ってきた地域金融機関との幅広いネットワークを活かし、地域金融機関の社会貢献分野における連携の可能性を模索してきました。現在、紀陽銀行（和歌山県）、福井銀行（福井県）、岩手銀行（岩手県）と「マネーコネクション®」を展開するための提携を結び、地域でのプログラムの普及をめざしています。

❺ おわりに

　「マネーコネクション®」が受賞した「サンクゼール賞」は、昨年度の「第10回日本パートナーシップ大賞」でグランプリを獲得した株式会社サンクゼール久世良三社長より授与されたものです。

　お互いの違いを認め合い尊重し、成熟した大人の文化を創造し、居心地のよい楽しい社会の実現を経営理念に掲げるサンクゼールと、若者が社会的所属を獲得し社会的、経済的に自立した大人になることを目的とした「マネーコネクション®」がめざす社会には、共通する要素が多く、まさにこの賞に相応しい取り組みといえましょう。

　この協働事業は、正しい金融知識や金銭感覚を身につけることがニー

ト化予防の鍵を握ることを確信したNPOが、専門的知見を持つ金融機関と連携したことが成功のポイントです。第1段階では、両者の協働によって「マネーコネクション®」の教育プログラムが確立されました。続く第2段階では、認定講師、公認実施団体、自治体、地域金融機関を巻き込んだ金銭基礎教育の社会インフラ化が進展しつつあります。

「マネーコネクション®」は、若者や低所得者の自立支援モデルの新たな可能性を示しているといえるでしょう。　　　（文責：長谷川直哉）

■調査協力

深谷友美子氏（認定NPO活動法人育て上げネット理事・若年支援事業部部長）
江口静代氏（株式会社新生銀行IR・広報部次長）

審査員から………………………………………………………………

社会課題として、ニート、格差問題は根深いものがあります。その問題を未然に防ぐためのすばらしい事業だと思いました。新生銀行の方々がどう関わりあって、どう変わっていったのかがわかればもっと良かったと思います。この取り組みが更に全国に拡がることを願います。引き続きがんばってください。

（久世良三氏　株式会社サンクゼール代表取締役社長）

case 5

第11回日本パートナーシップ大賞オルタナ賞
「小さな手仕事で被災地と世界を結ぶ協働」事業

ソーシャル・アントレプレナー達が、動いた、つなげた、被災地の笑顔

NPO法人
遠野山・里・暮らしネットワーク　＋　株式会社福市

　小さな手仕事をつくって、東北の被災地と世界を結ぶプロジェクト「EAST LOOP」は、2011年3月の東日本大震災後2ヵ月弱でスタートした被災地支援プロジェクトです。「EAST LOOP」とは、東北沿岸被災地の女性たちが編むニット製品の生産・販売の仕事づくりを目的とした事業で、彼女たちが生産した製品群のブランド名でもあります。被災地でいち早くスタートしたこの事業は、当初1年間の予定で始まりましたが、累計売上げ7000万円に達し、2015年8月現在も継続しています。

　このプロジェクトで協働しているのは、岩手県遠野市にあるNPO法人遠野山・里・暮らしネットワーク（以下、「NPO遠野山里ネット」）と、大阪に本社のある株式会社福市（以下、福市）です。

　NPO遠野山里ネットは、仮設住宅で暮らす被災した女性たちを組織化して、地域ごとに編み手チームをつくりマネジメントします。福市は、企画デザインから販売のマーケティング全般を担当します。被災した女性たちの小さな手仕事でできるニット製品は、一流百貨店やネット通販等で販売されるのです。商品価格の5割近くが編み手である被災した女性たちに渡るため、これまでに、彼女たちは累計3400万円もの収入を得ています。

　このプロジェクトは、被災者支援プロジェクトにとどまらずに、被災者以外も対象とした、過疎地域における仕事創造という新しいステージに発展しています。

❶ 動いたのは企業！　　　　　　　　　　　　　協働の契機

企業がNPOを訪ねる

　協働の主役は、岩手県遠野市で被災地支援活動を行っているNPO遠野山里ネットと、大阪でフェアトレード事業を展開する福市、そして被災した女性たちです。

　震災後1ヵ月足らずで動いたのは、福市の高津玉枝代表取締役。2011年4月に、被災地のNPOに飛び込み訪問して、被災者に対して手仕事をつくることを提案します。同社の本業であるフェアトレード事業の考え方を適用した提案でした。フェアトレードとは、「搾取ではなく取引を」を合言葉とする、公平な貿易を志すビジネスです。貧困に苦しむ立場の弱い開発途上国の人々の生活改善と自立を目指して、原料や製品を適正な価格で継続的に購入することを意味します。この時、NPO遠野山里ネットを含む複数の現地NPO法人を訪問しましたが、高津さんいわく「全く相手にされませんでした。時期尚早だったのです」。

　一方のNPO遠野山里ネット会長の菊池新一さんは「当時はまだ緊急支援フェーズで、現場はその対応に忙殺され、実は高津社長が訪問されたこともよく覚えていません。つれない対応をしてしまったかと思っています」と振り返ります。そして、こうも続けています。「彼女のすごいところは、あきらめずに、その1ヵ月後にも再訪問されたことですよ」と。福市は、4月中旬に断られても、強い信念を持って準備を進めていたのです。

　高津さんは、その当時の思いをこう語っています。「私自身が阪神淡路大震災（1995年1月）で被災しています。それもあって、東日本大震災後はフラッシュバックでしばらくまいっていました。だから、被災者の精神状態が想像できました。被災者は、支援を受けるだけの状態が続くと疲弊してしまいます。何もすることがないと、ネガティブな方向にいってしまうのです。何かせねばと。そして自分にできることを考えたとき、フェアトレード事業で得たノウハウと販路を用いて、被災地に仕事をつくることを思いつきました。当時、被災者に仕事をさせることへのネガティブな意見も正直ありましたが、これまでのフェアトレードの経験から、信念は揺らぎませんでした」。

高津さんの2度目の訪問となる5月中旬になると、緊急支援でドタバタしていた現場も、少しずつ落ち着きをみせていました。2度目の訪問を受けて、NPO遠野山里ネットの菊池さんは、以下のように思われたそうです。「地元のつくったものを売るのは難しい。つくり手の想いだけで走ってしまいがちで、どこでどんな風に販売するかについてはあまりイメージできていない。そ

高津社長

こに、高津さんは販路として大阪高島屋があると、売場の確約とともに、話を持ってきてくれました。この時、直感的にこれはいけると思いました」。
　こうして、両者の協働はスタートしたのです。

NPOと企業の素顔
　協働の中身について話を続ける前に、両者についてご紹介します。
　NPO遠野山里ネットは、都市農村交流（グリーン・ツーリズム）による地域の活性化をめざして、2003年に設立されました。2008年に開催された第6回パートナーシップ大賞（PSC主催）でも、パートナーシップ賞を受賞されています。この時は、株式会社高田自動車学校と協働した「遠野ツーリズム体感合宿免許プログラム事業」が高い評価を受けました。震災後は、後方支援活動も継続的に実施しています。
　福市は、2006年に社会の課題をビジネスの力で解決する社会的企業として設立されました。主事業はフェアトレード事業。途上国支援のひとつとして、フェアトレードのセレクトショップLove & senseを百貨店や商業施設などで展開してきました。時には、現地での仕事づくりや、技術提供、雇用促進などのさまざまなサポートも行います。
　高津さんは、大手企業に勤務後、起業して、売り場のコンセプト立案や商品企画などの分野で働いてきたマーケティングのプロです。そんな彼女が、1990年代後半にフェアトレードの概念と出合い、共感します。当時は、ファッション性の高いフェアトレード製品は少なく、その市場の抜け落ちている部分を担うという想いで、福市をスタートさせました。その活動が評価されて、ソーシャルプロダクツ・アワード2014（一般社団法人ソーシャルプロダクツ普及推進協会主催）では「特別賞」を受賞

しています。「フェアトレードのナチュラル、エスニックといったイメージを、いい意味で裏切るファッション性の高さが目を引く」と講評されました。

❷ EAST LOOP とは　　　　　協働の内容

EAST LOOP の誕生

　NPO遠野山里ネットと福市は協議を繰り返して、最終的に、被災地沿岸部において編み物の仕事を創造することになりました。被災した女性たちが編むニット製品のブランド総称が、「EAST LOOP」です。EAST LOOPには、「小さな手仕事をつくって、東北被災地と世界を結ぶプロジェクト」という意味が込められ、一方的に支援する、支援を受ける、といった関係ではなく、つながり、循環した関係をつくりたいという気持ちが込められています。震災以来ふさぎ込んでいた被災者に編み物を通じて笑顔を広げたい、そして現金収入を仕事でかち得てほしいという思いを込めて、福市側が外部グラフィックデザイナーと協議した上で提案しました。

　したがって、製品の1つ1つに、つくった編み手のペンネームが書かれた台紙がついています。購入者は、その編み手さんへの応援メッセージをフェイスブックのEAST LOOP専用サイトで発信できます。ここで、編み手と購入者はつながるのです。編み手さんは、ほとんどがフェイスブックをみることができない状況下にあるため、福市がコメントのすべてをプリントアウトして、NPO遠野山里ネットが、個々の編み手に届けています。

　最初につくられたのは、笑顔をつなげるかぎ針編みの「ハートブローチ」。2つのハートが重なり合った図案です。1個800円という手軽な価格もあり、想像以上の売れ行きをみせました。有名人の間でも話題になり、TV出演の際に毎回色の違うハートブローチをつけて出演してくれたタレントさんもいたそうです。

　製品は、一流百貨店やネット通販等で販売されています。

　当初、編み手募集のパンフレットには、「1年間のプロジェクト」ということをうたっていました。チャリティグッズの寿命は限られていて、いつまでもこの仕事に頼るのではなく、元の仕事に戻ってほしいという

考えから一年の予定で始まったプロジェクトだったのです。しかしながら、一年が終わっても、被災地の大変な状況は変わらず、編み手たちの希望も多かったため、継続して今につながっています。

EAST LOOP を販売している阪急デパート商品棚

協働の役割分担

事業の流れとしては、まず福市が編み物製品の企画デザインを担います。一方、NPO遠野山里ネットは、東北沿岸部に散らばる被災された女性たちを組織化して、地域ごとに編み手グループを編成しました。最初は、グループを編成せずに、編み手個人に発注していたのですが、効率が非常に悪かったため、途中から地域ごとにグループ単位で仕事を発注する形に変えました。このグループ化には副次効果もあります。地域で集まって団欒しながら編み物をするようになり、新しい交流の場が生まれたのです。

編み手グループは、現在、宮古市、大槌町、釜石市、大船渡市、陸前高田市、遠野市、気仙沼市の7ヵ所にあります。NPO遠野山里ネットが支援物資を届ける拠点を基点に、編み手を集めました。口コミでも噂は広がり、多い時では約200名の編み手を組織していたそうです。現在、登録されている編み手は計54名です。

この編み手グループに、福市から企画デザインが提供されます。新しい企画デザインができあがるたびに、編み手を集めての講習会が開かれます。

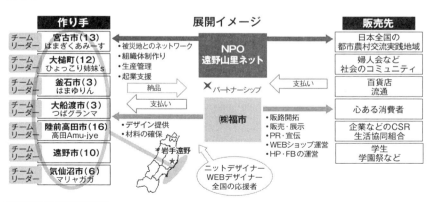

協働事業の役割分担の図

編み物の生産管理は、NPO遠野山里ネットが担当して、完成した製品は点検後、福市に納品されます。福市は、販路開拓、WEBショップ運営、販売展示、PR・宣伝、「EAST LOOP」のホームページやフェイスブックの運営といったマーケティング業務を一手に担っています。そして、編み手へのお給料の手渡しは、NPO遠野山里ネットが行っています。

❸ 協働を通して想いがつながる　　　協働の受益者

編み手の想いと誇り

　NPO遠野山里ネットが声をかけて集まった編み手さんたちは、この協働事業に参画することで、とても救われていると言います。彼女たちの声を拾ってみましょう。「今はこれが生きがいです」「辛いことを思い出しても、ハートを編み出すと集中できるから嬉しい」「誰かがハートのブローチをつけてくれると思うと、がんばれる」「編み物を通じて、お友達ができました」等々。

　編み手は、編み物に没頭して夢中になることで、震災での辛い体験を一時でも忘れることができます。世の中とつながる仕事として、誇りを持って編み物をすることができます。そして、商品価格の約5割という現金収入を毎月得ることができます。さらに、グループ単位で編み物を学び、運営することで、地域の中でのつながりも生まれています。地域再生への一助にもなる取り組みになっているのです。

編み手のモチベーション

　EAST LOOPのスタート直後から参画している陸前高田市の徳山恵美子さんは、もともと主婦業のかたわら手芸教室を主催していました。東日本大震災の際、津波で教室が全壊して、作品や手芸道具などを失い茫然自失となるのですが、このEAST LOOPの取り組みが契機となって、編み物で再起します。2012年12月には、仮設住宅に隣接した仮設プレハブ内に「手作りのお店　めぐみ〈夢工房　恵〉」をオープンさせます。現在は、そこが陸前高田市のチーム拠点になっています。彼女は、EAST LOOPの良い点をこう話してくれました。

　「震災後ショックに打ちのめされていましたが、この協働事業に参画

して、皆と集まって編み物をしているうちに、手づくりの魔力もあり、だんだん元気がでてきました。集中できるお仕事であり、完成品が目にみえて、さらにお金が入る。それで生活が助かった人も多くいます。お母さんが元気だと家庭が明るくなるのですよ」。

「福市はトップデザイナーからのデザインを提供してくださるので、この仕事により一層誇りを持てます。デザインがあがってくるのが、いつも楽しみです」とも。ハートシリーズは、ファッションデザイナーでcar*g*mom（ギャラ・ジー・モム）というブランドを主催する岩切エミさんのデザインです。最近では、世界で大人気のノルウェーのニットデザイナー、アルネ＆カルロスからお花モチーフのデザインをつくってもらっています。彼らは、ボランティアでデザインを無償提供してくれました。すべて福市のネットワークで依頼しています。

さらに彼女は、モチベーションが上がる点について、3点あげてくれました。自分たちのつくったものが一流の販路で販売されること、購入者から届くあたたかいメッセージ、そして講習会の存在です。徳山さんは語ります。「横浜の高島屋に、販売されているところをみにいったことがあります。ショップの方々が皆、ハートブローチをつけて販売してくれていて。一流の販路は、つくり手にとって誇りであり、またとても大きい安心につながります」

新デザインができあがるたびに、グループごとの講習会や全体講習会が開かれます。その場には、NPO遠野山里ネットはもちろんのこと、福市関係者も参加しています。時にデザイナーさん自らが参加してくれることもあるそうです。福市の高津さんも、何度も現地入りして、講習会でもこのプロジェクトの目的、意義を語り続けています。そのことが、徳山さんはじめとする編み手さん方の求心力を高めることになっています。

また期間限定で行われた、編み手が自由にデザインして編めるスヌード企画も、皆の

徳山さんと菊池さん、およびEAST LOOP商品写真＠手作りのお店めぐみ〈夢工房 恵〉

モチベーションを高めました。スヌードとは、つながって輪の状態になったマフラーのことです。この商品に関しては、デザイナーから提供されたものではなく、編み手の個々人が自由に考えて編んでいます。つまり、1個1個が被災者のオリジナル・デザインです。

❹ 協働が成し得たこと　　　　　　　　　　協働の成果

協働の量的成果

　EAST LOOPの総売上は、2011年6月〜2014年12月の間で、約7000万円になりました。その間、生産者に届けられたお給料は、2011年が約650万円、2012年が約1658万円、2013年が約624万円、2014年が400万円の、合計3400万円近くになります。月15万円の収入を得た編み手さんもいたそうです。

協働の質的成果

　福市は、持続可能なソーシャル・ビジネスとして、この協働に取り組み続けました。NPO遠野山里ネットは、災害支援のための寄付金を当てて、現地の組織管理をしてきました。この協働プロジェクトは、多くのメディアにも取り上げられます。EAST LOOPは、震災後いち早く始めたチャリティグッズで、それが現在も残って成功裏に継続している数少ない例としても、ユニークな事例なのです。

　仮設住宅に住む編み手の女性たちは、多くのモノ・コトを得ることができました。元気になれる場、精神的な誇り、金銭的報酬、そして新たなつながりの場を得ることができたのです。

　NPOと企業にとっても、このプロジェクトを始めたことで、社会に対して発信する機会が増え、社会に多種多様な新しいつながりやネットワークができたそうです。そして両者間に育まれた信頼関係は、次のステージへとステップアップすることになりました。

❺ 「合同会社東北クロッシェ村」の立ち上げ　　　　協働の進展と展開

　2014年7月から、EAST LOOPプロジェクトは「合同会社東北クロッ

シェ村」に事業移管しています。東北クロッシェ村は、この協働の発展形として被災した人だけでなく、東北地方の全女性たちを対象に、東北発の手仕事ブランドを確立していくために、NPO遠野山里ネットと福市のサポートの下、設立された会社です。「過疎が進む地域をビジネスで活性化させる」というNPOと企業両者の願いが込められています。もちろん、この新しい組織の中で、EAST LOOPブランドは継続します。NPO法人遠野里山ネットと福市は、今後も見守り続ける予定です。

　新しい組織の新展開が期待されます。　　　　　　（文責：横山恵子）

■取材協力〈2014年12月3日、8日取材〉
　菊池新一氏（NPO法人遠野山・里・暮らしネットワーク会長）
　田村隆雅氏（NPO法人遠野山・里・暮らしネットワークコーディネーター）
　真山徳子氏（NPO法人遠野山・里・暮らしネットワークコーディネーター）
　徳山恵美子氏（手づくりのお店めぐみ〈夢工房　恵〉陸前高田市編み手）
　髙津玉枝氏（株式会社福市代表取締役）
　江指美穂氏（株式会社福市）

審査員から
　被災地の復興として手仕事をつくるのは、阪神大震災のときに始まっています。義援金をもらうだけでは、暮らしのモチベーションが落ちてくるところへ、コミュニケーションが大きな役割を果たしていると思います。新しい会社をつくっている段階ということで、今後に期待できる事業です。

（早瀬昇氏　認定特定非営利活動法人日本NPOセンター代表理事）

case 6

「せとしんプロボノプロジェクト」事業
地域の課題解決を「プロボノ」で応援

コミュニティ・ユース・バンクmomo ＋ 瀬戸信用金庫

　コミュニティビジネスのように、地域の課題をビジネスという手法で解決しようとする事業者の多くは、資金調達という問題に直面します。実績、担保の有無などを気にする金融機関にとって、融資の対象とはなりにくい存在だからです。そのため、同じ「地域のため」という目標を掲げながら、融資をする、融資を受ける関係になりにくいのです。そんな事業者と地域金融機関のすれ違いを解消することを目指して、NPOバンクと信用金庫の協働事業が行われることとなりました。それが、せとしんプロボノプロジェクトです。

志金でNPOをサポートするmomo

　コミュニティ・ユース・バンクmomo（以下、momo）は、2005年に20代・30代の若者が中心となって設立したNPOバンクです。NPOバンクとは、福祉や環境問題など社会的課題の解決を行う事業に融資する非営利の金融機関のことです。momoでは、融資するための資金として市民から出資金を集い、それをNPOに融資します。momoでは、このような融資の原資を「志金」と呼んでいます。momoの融資には、市民のみなさんの思いが込められているからです。

　momoの融資期間は原則3年以内で、融資上限は500万円まで、融資金利は2.5％（つなぎ融資は2％）です。これまで55件、1億3000万円以上の融資を行ってきましたが、貸し倒れは1件もありません。これらの事業者は、実績がない、担保がない、信用保証制度が使えないなど、他の金融機関では融資が困難と判断されたところばかりです。momoでは、きちんとした目利きをした上で融資をするだけでなく、融資後も事業者たちと信頼関係を築きながら支援することで、このような実績を達成することができているのです。

　しかし、大きな問題にも直面しています。それは、momoの融資上限額が500万円であるため、momoのサポートは小規模な事業者に限られることです。一定以上の規模の事業者や、momoのサポートによって事

業が軌道に乗り、さらに事業を拡大したいと考えている事業者には、より大きな融資が必要となります。そのため、NPO バンクによる融資から他の金融機関、特に、地域経済の重要な担い手である地域金融機関へのステップアップが求められます。しかしながら、現状では、地域の課題を解決することを目指しているなどの事業者は、実績がない、担保がないなどで、地域金融機関の融資先の対象とはなっていません。momo が行ってきたように、きちんとした目利きをした上で融資をし、上手に支援していけば、きちんと返済が行われる可能性が高いにもかかわらずに、です。「せとしんプロボノプロジェクト」は、そんな事業者と地域金融機関のすれ違いを解消しようと生まれた momo と瀬戸信用金庫の協働事業です。

コミュニティビジネス支援の必要性を実感する瀬戸信

　瀬戸信用金庫（以下、瀬戸信）は、愛知県瀬戸市に本店を置く信用金庫です。1942年に設立し、愛知県に71店舗を構え、預金積金残高は1兆6567億円、貸出金残高は8172億円です（2014年3月時点）。瀬戸信では、地域活性化の取り組みとして、2008年から瀬戸市と連携した創業支援「せと・しごと塾」を実施してきました。瀬戸市で事業を立ち上げようとする市民を地域金融機関として支援する活動です。「せと・しごと塾」に関わる中で、地域の課題をビジネスという手法で解決しようというコミュニティビジネスを創業したい人たちが、想像以上に多いことを実感します。そして、彼らを支援する必要性と、金融機関の新たな融資先としての可能性を感じていました。

　また、瀬戸信は、愛知県が主催する地域内"志金"循環促進事業において、2011年、momo が運営する、地域金融機関の NPO 向けの理解を深めるための勉強会に参加することとなります。勉強会には、愛知県内に本店を置くすべての信用金庫の職員も参加していましたが、瀬戸信職員の積極的な姿勢が、momo 代表理事の木村さんの目にとまります。この勉強会をきっかけに、momo と瀬戸信は、少しずつ関係性を築いていき、コミュニティビジネスの事業性や地域金融機関の融資先としての可能性などについて議論し、プロボノなどによるコミュニティビジネス支援について徐々に momo と共通の認識を持つようになっていきます。そして、2013年に、momo から瀬戸信に対して、半年間継続的に事業者を支援するプロジェクトへの参加を提案されます。協働事業「せとしんプロボノ

プロジェクト」の始まりです。

せとしんプロボノプロジェクトとは

2013年6月、せとしんプロボノプロジェクトがスタートしました。地域が抱える課題の解決を目指す事業者を、瀬戸信職員がプロボノとして半年間支援する事業です。プロボノとは、専門家が職業上の知識、スキル、経験を使って、社会貢献するボランティア活動のことです。このプロボノには、20代・30代の若手職員を中心として27名が手を上げて参加しました。そして、両者で、募集・審査を行い、支援する事業者は、精神・発達障がいを持つ方やその家族の生活支援をおこなう地域活動支援センターである一般社団法人しんと、有機野菜・無添加加工食品の宅配・レストラン運営をおこなう株式会社にんじんの2つに決定しました。瀬戸信のプロボノたちは、2班に分かれてそれぞれの事業者を支援することになりました。

プロボノと事業者の定例ミーティング

具体的には、momoと瀬戸信が、事業者を交えて月に1回定例ミーティングを開催して、プロボノたちが金融機関の目線で、広報活動や経営管理のあり方について事業者と対話をします。そして、地域社会にもたらす事業者の活動成果を、金銭的価値に換算するSROI（Social Return On Investment：社会的投資収益率）を測定します。一般的に、社会的課題を解決しようとする事業者にとって、自分たちのやっていることを経済的価値に換算することは難しいと言われています。しかし、売上や利益にあらわれない事業者がもたらす社会的な価値を定量化することは、コミュニティビジネス事業者の成果を伝えるために非常に大切なことなのです。

SROIの測定

SROIの測定では、プロボノたちが、事業者の実施した活動について、どのような社会的課題の解決に寄与したのかという成果の貨幣価値の測定をします。測定対象とする成果の具体的項目を決定した後、事業者の

代表者、従業員、取引先へのアンケートやヒアリングによって、実施した活動への投入費用や、その活動から得られた成果を貨幣価値に換算します。そして、投入費用と成果の貨幣価値の比率がSROIとして提示されるのです。このSROIの測定のプロセスは、momoから提供される測定ワークシートに沿って行われます。momoは、これまで行ってきた融資経験によって、事業者の活動成果についての目利きに長けています。定例ミーティングにはmomoがコーディネートした2人のアドバイザーも参加してSROIの測定をサポートします。たとえば、支援先の1つ株式会社にんじんのSROIは以下のように測定されました。

　まず、SROI測定対象として、食品基準の勉強会、生産者との販売イベントの開催、ファームツアーへの同行、専門家によるセミナーなど、事業者が行っている活動で貨幣価値を換算すべき活動が、プロボノたちによって決定されます。そして、従業員、取引先、利用者に対して、これらの活動がどのような価値をもたらしているのかを、アンケートやヒアリングによって調査します。価値をもたらした成果としては、医療費の削減、食品基準に関するティーチングスキルの向上、生産者とのつながり増加、就農や農業全体への関心の高まりなどがあげられました。これらの成果の貨幣価値は、他の類似の収益事業における対価や経済効果などを参考にして算定されます。投入費用については、社長へのヒアリングから把握します。こうして算出された投入費用と、成果の貨幣価値の比率が、SROIとして測定されるのです。自らの活動の成果が経済的価値として明らかになることで、事業者は、自分たちの活動の価値を外部に発信したり、自らの活動を改善する方向づけを行うことが可能となります。

融資先としての可能性
　瀬戸信のプロボノは、金融機関ならではの視点で、事業者の非財務情報を経済的価値として評価し、換算することができます。まさにプロボノとしての活動です。
　そして、プロボノとして職員が参加することには、瀬戸信にとって人材育成という効果もあります。これまで金融機関の職員は、コミュニティビジネスなどの事業者を、融資先と捉えてはいませんでしたが、プロボノとして彼らを支援し、その事業の経済的価値を自らが測定することで、融資先としての可能性を認識することとなるのです。

2014年度の成果報告会

　実際、支援先の1つ一般社団法人しんは、新しい施設の開設にあたり、その資金を瀬戸信から融資を受けることになりました。瀬戸信にとっても、コミュニティビジネスへの融資という、新しい顧客の創出です。プロボノによって事業者に対する理解や共感が育まれたことや、momoからの融資にも着実に返済していたことが評価された結果です。

　また、「お客様から相談を受けたんだけど、これってプロボノでやったような事業のことだよね、と同僚から相談の電話を受けることが多くなりました」と瀬戸信営業推進部次長の酒向清治さんは言います。このことは、瀬戸信の中で、コミュニティビジネスへの融資可能性が着実に高まっていることを物語っています。そして、同じ「地域のため」という目標を掲げながら、お互いに融資をする、融資を受ける対象とはなりにくかった関係が解消するきっかけになる出来事ともいえるでしょう。これは、まさにmomoが目指していたものです。

　2014年2月22日には、2013年度の成果発表会が、瀬戸信職員だけでなく、一般の人に向けても開催されました。この成果発表会には、115名もの参加者があり、瀬戸信職員のプロボノについての高い関心へとつながっていきます。そして、2014年度にも、新たに2つの事業者の支援が行われました。精神障がい者の就労移行支援事業を行う一般社団法人仕事ノアル暮らしと、全日制の教育を行なうNPO法人愛知シュタイナー学園への支援です。この支援には、瀬戸信から37名もの職員がプロボノとして参加しています。ますます、融資先としての可能性を感じとってもらえることでしょう。　　　　　　　　　　（文責：小室達章）

■調査協力（2014年12月11日、12日現地調査）
　木村真樹氏（コミュニティ・ユース・バンクmomo代表理事）
　大橋良宣氏（瀬戸信用金庫執行役員・営業推進部部長）
　酒向清治氏（瀬戸信用金庫営業推進部次長）
　佐野真隆氏（瀬戸信用金庫営業推進部グループ長代理）

case 7

「日本の環境を守る若武者育成塾」事業
志の高い高校生を育成する環境教育プログラム

公益社団法人日本環境教育フォーラム（JEEF） ＋ アサヒビール株式会社

「日本の環境を守る若武者育成塾」は、次世代を担う日本の高校生を対象に、自ら考え地域の環境課題を抽出して課題解決法を模索し、多様なステークホルダーと連携して行動できる、志の高い人材を育成することを目的に実施される環境教育プログラムです。

　毎年、全国から参加を希望する高校生を募集します。各校最大3名からなるチームを結成し、環境をテーマとした小論文を提出します。審査を経て7チームが選抜され、夏に3泊4日で環境に関する自然体験学習、アサヒビール工場での環境の取り組みを視察し、合宿後に地元地域で取り組みたい環境活動の計画をつくり、合宿後の4ヵ月間地元で実践した内容を12月の成果発表会で発表します。アサヒグループ社員有志がチームアシスタント（以下、TA）として、合宿中はもちろんのこと、実践中もボランティアで彼らの活動をバックアップしています。

　この取り組みの対象者である高校生だけでなく、彼らの友人や保護者、教師、アサヒビールやグループ企業の社員など幅広い層に対するアプローチを、NPOと企業の双方で、役割分担しながら進めています。2015年で10年目を迎えたこの取り組みは、さらに多くの高校生にチャンスの機会を提供したいと、さらにウィングを広げようとしています。

協働による次世代の育成と社員参加型の環境教育が誕生

　アサヒビール株式会社（以下、アサヒビール）と公益社団法人日本環境教育フォーラム（以下、JEEF）の出合いは、2002年より市民の環境教育を育む活動の一環として「環境文化講座」を共催したことがきっかけでした。その後、2006年からアサヒビールの一事業として開始した「日本の環境を守る若武者育成塾」は、実行委員会形式で運営されるユニークなもので、当初そのメンバーの1人にJEEFの理事がかかわっていました。2010年からは、JEEFの環境分野における高い専門性と双方の目

的意識の共有が図られ、実行委員の1人としてではなく、事業の企画・運営を担うこととなりました。ここから今回の協働事業が始まっていきます。

企業の環境教育といえば、社員を対象として、環境に対する興味・関心を高め、必要な知識・技術を得るために行われることが多いですが、アサヒビールの場合、高校生を対象とした点に独自性があります。「日本で行われている環境教育のさまざまな活動を調べたところ、大人向けや小学生を対象としたものが多いのに比べて、高校生向けの活動が少ないことがわかり、次世代の育成と社員参加型による環境教育ができないものかと検討しました」とアサヒビール社会環境部の高橋透さんは、当時を振り返ります。

社員参加型による環境教育として、TAは、高校生が参加する合宿にはもちろん参加しますが、その後高校生が作成した環境アクションプランを地元で実施する際に、1ヵ月ごとに彼らから報告を受け、アドバイスを行います。高校生とTAが共に取り組むその様子は、アサヒビールのサイト内にある「若武者ブログ」(http://www.asahibeer.co.jp/wij/

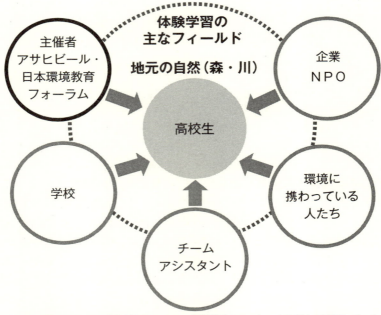

この協働事業における運営体制を図にして、役割分担やかかわり方を双方で確認している

blog/）でも公開されています。

地域における事業の成果と高校生・社員の成長

　企業が主体で始まる協働事業は、時として受注発注の関係で終ることがありますが、この事業は、プロセスの共有を大切にしていて、開催場所の選定から高校生の選出、アクションプランのフォロー、発表会の準備まで、定期的にミーティングを行い役割分担と進捗状況を共有しながら進めています。高校生を対象とした人材育成事業は、近年さまざまな組織で取り組まれており決して新しいとは言えませんが、「環境教育」であることや企業の社員が主体的に参加しているTAというしくみをつくっている点において独自性があります。

　高校生を対象とした野外活動という性質もあり、危機管理の必要性をお互いに理解しながら、その対応について明確な規定などはないまでも、これまでの信頼をベースにしながら取り組む姿勢が伺えました。例えば、毎年エリアごとに変更している合宿の実施場所には、双方の担当者が一緒に出向き、環境保全活動に関する体験学習を行う受け入れ先のNPOに事業の趣旨を説明するなど企業とNPOが同じ目線で行動しています。「環境教育の専門家であるJEEFのネットワークと柔軟な発想を生かしながらこの取り組みを進められることは我々にとって大きなメリット」と高橋さんは語っています。

　TAを体験した社員は、この活動を通して多くの気づきと学びを得ることとなり、「自身の業務を見直したりと、職場での行動にもつながっている」と、高橋さんは言います。TAは、毎年7人の希望者を社内で募りますが、近年はグループ会社からの応募も増えているそうです。「高校生たちとの交流を通して、社員は視野を広げ人間性を高めている」と、高橋さんは協働事業のもうひとつの成果である社員の成長を感じているそうです。

　参加できる高校生は限られた人数ですが、半年以上に及ぶこのプロジェクトでは、合宿初日と最終日、さらに発表会終了時には環境人材として重要な能力・態度の向上を図るため、自己評価アンケートを行っています。「環境問題に対する興味」や「自分の考えを伝える力」等の8項目で、学びと気づきの数値化を行います。3泊4日の合宿後、研修での学びをもとに、地元に戻ってその環境活動を実践しなければなりません。この事業の目的のひとつにもなっている「次世代の育成」は、環境

への意識を高めていくだけではなく、地域との関わりを通じて、参加者の成長が感じられる壮大なプロジェクトとなっています。アンケートは、教師とTAにも行われ、次回のプログラムの改善などにも役立てられています。

これまでに外来種の駆除や酸性化した湖の中性化、地域の絶滅危惧種の保護など、合宿後に高校生が地域で取り組んだ環境活動が、学校を超え地域を巻き込みマスコミにも取り上げられるなど大きな反響を及ぼしています。参加した高校生だけでなく、彼らを取り巻いている教員、親、友人や先輩・後輩、社員や合宿受け入れ先のNPO地域団体などさまざまな人と組織へと波及効果につながっているようです。

JEEF国際事業部の臼杵裕之さんは、「この事業を行うことが、私たちの団体にとって個人や団体の会員とのネットワークづくりにも大きく役立っている」と感じています。そのため、JEEFのニュースレターなどでも、積極的にこの事業の内容と成果を公開したところ、多くの関心と共感を得ているそうです。

「毎年全国から地域を選定して活動する際に、全国組織である我々の会員のみなさんの協力が欠かせません。そして、会員にとっても、高校

参加者とTAが共に学び、成長する瞬間は、合宿によって育まれ、その後、地域で取り組んだ環境活動が、大きな反響を及ぼしている

生という将来を担う若者に、自分たちの住む地域の活動を伝えられるということは大変嬉しいことです」と臼杵さんは語っています。

協働による持続可能な取り組みとして
　これまでの参加者や教師、保護者からも「たくさんの人にこの場を与えてほしい」という声があり、この事業への共感と関心が広がっていることがわかります。それは、応募した高校生がすべて参加できるわけではなく、有識者による審査会において提出された論文の審査を受け、7グループが選ばれるという狭き門であることから、2013年までは全国をブロック分けし、参加者を募集してきました。しかし、応募する機会が2年あるいは3年に1回になってしまい、行事や受験と重なるなどして、参加したくてもできない高校生がいました。そこで、ニーズに応えるべく2014年にブロック制を廃止し、日本全国から募集することになりました。「それでも小論文による選考であるため、参加を希望するすべての高校生に参加していただくことができません」と、高校生にその機会を提供できていないことが課題だと語る高橋さん。また、世界の高校生に対象を広げたり、企業の行っているひとつの協働事業から脱却し、複数の企業や団体でつくりあげる事業へと成長させていきたいという想いが、高橋さん、臼杵さんから伺うことができました。この事業が協働による持続可能な取り組みとして、日本の高校生を通じて、社会全体に環境活動が広がっていくことを期待しています。　　　　（文責：富澤佳恵）

■**調査協力**（2014年12月17日現地調査）
　高橋　透氏（アサヒビール株式会社社会環境部）
　小林由佳氏（アサヒビール株式会社社会環境部）
　臼杵裕之氏（公社日本環境教育フォーラム国際事業部）

case 8

「ハートボールプロジェクト」事業
社会人野球の中古ボールが、地域と障がい者をつなぐ

一般社団法人
ジョブステーション西宮　＋　大阪ガス株式会社

　社会人野球で長らく活躍している大阪ガス硬式野球部。その練習等で、糸が擦り切れたり縫い目から破れたりして、修理が必要となる硬式ボールが数多く出てきます。これらを障がい者の方が働く福祉作業所で有償で修理し、再生されたボールを西宮市内の高校野球部に贈呈する取り組みが「ハートボールプロジェクト」です。2013年にスタートし、寄贈したボールはこの3年間で1000個以上に及んでいます。

きっかけは企業側の発意

　大阪ガス株式会社（以下、大阪ガス）の野球部は、社会人野球や都市対抗野球で活躍しており、その統括をしている公益財団法人日本野球連盟は、従来より、子ども向けの野球教室や清掃活動に取り組んでいました。こうした流れを傍目に、野球部として野球を生かした社会貢献ができないかという考えのもと、野球を通じた社会貢献活動に力を入れるようになってきました。

　そこで、野球部と同社の社会貢献担当部署である近畿圏部社会貢献推進室との合同でアイデア出しをしてみたのです。部が出来ることとして、ボールやバット、グラウンド施設の提供、30名いる部員のマンパワー提供などの複数意見が出ました。2011年の秋には、台風の被害にあった和歌山県新宮市で、野球教室の開催と倉庫の片づけの手伝いもしました。

　そのような中、新聞記事で、京都府宇治市で「エコボール」という、ボールの修繕を障がい福祉作業所で有償で実施している例が目に留まります。大阪ガスのグループ会社である株式会社オージス総研でも、中古パソコンの再生事業「はじまるくん」として、リユース可能なパソコンの外観クリーニングを福祉作業所に依頼しており、近畿2府4県の社会福祉協議会の仲介により、東日本大震災の避難者や障がい者施設等に寄贈して

いる実績もあります。そこで、障がい者支援を絡めた取り組みが出来るのではという考えが浮かびました。壊れた野球ボールは日々大量に出るわけではないため、野球部のお膝元である西宮市内で完結させた方がよいと判断し、西宮市役所に相談しました。そこで一般社団法人ジョブステーション西宮（以下、JS西宮）を紹介され、2013年の初め、企業側から複数名で訪問し、思いの丈を話したところ、NPO側で、宇治市の取り組みを視察する等して、西宮市内での実施可能性について検討することとなりました。

企業にとっては未知数、NPOに経験値あり

　JS西宮は、西宮市内の障がい者授産施設が集まった任意団体である「西宮市授産活動振興委員会」が前身で、工賃向上を目的とした受注事業体として、市との協議のもと、2011年にNPO法人JS西宮を設立しました。現在、共同受注・販路開拓・事業開発など、顧客と事業所をつなぐ支援を行っており、ひとつの事業所だけではできない大規模の事業などもコーディネートしています。その後、2013年に一般社団法人へシフトしています。

　梱包作業など顧客の顔が見えない受注業務も多い中、大阪ガス側からの提案内容については、障がい当事者の方にとって、社会貢献のお手伝いをしているという社会的意義も伴うと思われたため、この団体の会員で市内に34ある作業所のうち15ヵ所が手を挙げました。現在は5〜6ヵ所が参加しており、1か所あたり5名程度が分業しながら修繕作業に従事しています。

ひろがる連携の輪

　大阪ガス硬式野球部と日ごろから野球用品関連で取引のあるミズノ株式会社（以下、ミズノ）や、野球用品の製造、卸及び販売を行う株式会社大阪ホーマー（以下、大阪ホーマー）の2社から、糸と針を無償で提供いただき、縫い方の指導も受けました。また、大阪ガスからの働きかけにより、強豪の報徳学園高校野球部含む西宮市内11校の高校野球部や関西学院大学野球部がこの取り組みに参加しています。ボールの寄贈に加え修繕業務の発注を行い、野球部員が作業所で掃除の手伝いのボランティアをする高校も出てくるようになりました。

協議を重ねながら手法を確立

　ボールの縫い糸のほつれの長短に応じて修繕の難易度が異なるため、担当する障がい者の障がいの度合いも変わってきます。重度の障がいをお持ちの方は、針を使っての縫製作業ではなく、指で糸を押さえたり触って確認をする縫製後の工程を担当しています。このように、作業工程の分業化が難しいところもあり、修繕の報酬については、双方で協議を重ねた結果、1個あたりの修繕の単価の設定に際しては、JS西宮が作成した見積もりに基づいて協議をした結果、"一律一個いくら"というルールではなく、ほつれが5cm未満は50円、5cm以上は100円、ボールの半分以上のほつれは200円という3段階方式にしています。この原資は、大阪ガス硬式野球部と高校の野球部のそれぞれで負担をしています。

　作業所との連絡調整はJS西宮が一括して行っており、2〜3ヵ月あたりで200個単位を扱うペースとなっています。納期の短い、急ぎの仕事が入っても、その合間で対応出来る程度の数量であり、就労支援効果が期待できるレベルも考慮して、年間での取扱数として「500球」を目安に実施しています。ただ、各作業所の負荷にならないよう、ノルマや納期は決めない形をとっています。

　なお、上記のミズノと大阪ホーマーの2企業の協力もあって材料費はゼロであり、なおかつ、JS西宮のコーディネート費用は、市の「西宮市福祉的就労支援事業」なる受発注のマッチングのための委託料からまかなっているため、業務報酬は全て作業所の収入となっています。

　双方とも初の試みであるため、手探りでのスタートでした。例えば当初、JS西宮が自主的に宇治市の団体から縫製方法を学んできてはいたものの、検品段

工程ごとに分担して修理

修繕に向けて仕分けされたボール

階で不可と判断するケースが多数ありました。そこで、いったんJS西宮と野球部の選手で、使用可能なものとそうでないものの仕分けの手作業をしながら、使用可能な状態のボールのイメージをJS西宮側と確認したこともありました。そんなやり取りを重ねながら、進め方を一緒に確立していきました。今でも、ボールの収集や選別の実作業については、双方で取り組んでいます。

社会とつながる喜び

　障がい当事者の中には野球好きの人も多く、時々、大阪ガス硬式野球部のグラウンド練習の見学や、都市対抗野球の試合観戦に出向いています。ミスをした選手に対し、「たまたまや！」などと励ましの声を積極的にかける方もいます。高校野球も含め、自分たちが修繕したボールが役立っていることが喜びになっているようで、修繕作業へのやる気にも直結している印象です。

部員に対する、思わぬ人材育成効果も

　また、野球部の選手にとっては人材育成という側面も大きいです。少年野球の頃から大半の時間を野球に費やしてきた部員が、障がい当事者やそれを支える支援スタッフと関わることで、視野を広げるきっかけになっています。例えば、作業所へ壊れたボールを持参する時や、バックネット裏の特別席で作業所の方々が見学に来られる時、コミュニケーションを持つことができます。最近は、食事を一緒にとることもあります。都市対抗野球では、作業所の方々から応援のためのビデオメッセージが贈られ、感動し涙した選手もいました。大阪ガス近畿圏部社会貢献推進室副課長の箱崎豊さん曰く、高校の野球部関係者からも、「これ以上にない社会教育の機会になっている。」と異口同音に言われているとのことです。

さまざまなメリットが

　野球部も作業所もそれぞれに多忙であり、連絡調整などの仲介役となってくれるJS西宮がいてこその取り組みですが、企業としては、障がい者の自立支援に加え、リユースによる環境配慮、高校野球部への現物提供による支援、人材育成といったさまざまな効果を見込める新たな社会貢献活動が実現できています。

JS西宮にとっても、他の受注案件と異なり、地元で厚く信頼される大手企業とタッグを組むことで、障がい当事者の工賃向上のみならず、障がい当事者の社会参加の場づくりや仕事へのモチベーション向上、作業所サイドの前向きな協力など、プラスアルファの効果が得られています。JS西宮事務局長の柴田圭一さんも、「社会参加の機会創出や障がい当事者のモチベーション向上といった、これまでには見られなかったような効果も生まれている」と、喜びを感じつつ、日々のコーディネートに勤しまれています。

エリアを超えた展開へ
　さらに2015年度からは、東日本大震災の被災地である宮城県石巻市の日本製紙石巻硬式野球部の支援活動としてもハートボールプロジェクトを実施しています。この背景に、西宮市内の障がい当事者を含む作業所側の「いまだ震災の傷が癒えない東北被災地に関西からエールを贈りたい」との発意もあり、これまでの壊れたボールの寄贈元である西宮市内の高校野球部や、東日本大震災で被害を受けた日本製紙石巻硬式野球部にボール提供をお願いし、西宮市内の作業所で修理したボールを当地に贈るという形で計画して着手しました。関西と東日本大震災被災地との良き交流のかけ橋になること受け合いでしょう。
　また、新聞等の媒体でも多数取り上げられたり、JS西宮が障がい福祉分野の全国集会等で度々成果報告をしたりする等、PRの機会も多くあります。NPO・企業双方とも今後このノウハウが各地に普及するようにとの強い願いもあり、例えば、県外にあるガス会社(別企業)の野球部へのノウハウ移転の話もあるとのこと。さまざまな人や組織にとって多くの副次効果が伴うこの取り組みの、今後の水平展開に期待します。

（文責：古賀桃子）

■調査協力（2014年12月22日現地調査）
　江本雅朗氏（大阪ガス株式会社近畿圏部社会貢献推進室長）
　箱崎　豊氏（大阪ガス株式会社近畿圏部社会貢献推進室副課長）
　柴田圭一氏（一般社団法人ジョブステーション西宮事務局長）

case 9

「自主簡易アセスの開拓」事業

企業と住民が環境影響について対話し、適切な環境対策を立案するために

NPO地域づくり工房　＋　金森建設株式会社
株式会社フォーラムエイト

　NPO地域づくり工房（以下、地域づくり工房）は北アルプスの麓、長野県大町市にあり、環境を生かした地域づくりに取り組む任意団体です。2005年の第3回パートナーシップ大賞において、大町市の豊かな水資源を活かした小規模水力発電事業による地域おこし「くるくるエコプロジェクト事業」でパートナーシップ賞を受賞しています。自然エネルギーの活用という命題を地域の人材や資源を活かして実現していることが大きく評価されたものでした。

　そして今回は、地域づくり工房が地元企業である金森建設株式会社（以下、金森建設）の事業に関わる環境対策の相談を受けたことをきっかけに、環境アセスメントには該当しない事業についても住民とのコミュニケーションを高めるなどの「自主簡易アセス」を開発し実践するという取り組みでの応募でした。地方の小都市にありながら全国的にも先進的な取り組みが行われていることは、大いに評価できるものです。

協働の背景―地域づくり工房とは

　大町市は、長野駅からバスで1時間、松本からだとJR大糸線で50分、北アルプスの麓に広がる人口約2万9000人の小都市です。雪が降る前にと日程を急ぎ、11月末にヒアリングを設定したところ、2014年11月22日に白馬村を震源とする大きな地震があり、大町市内でも被害が出て心配しましたが、

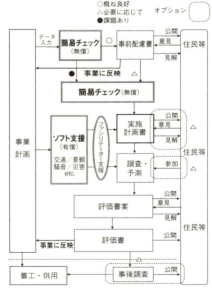

自主簡易アセス支援ツールのイメージ

何とか予定通り実施することができました。

　地域づくり工房は2002年10月に、現在も代表理事を務める傘木宏夫さんを中心に作られた団体です。傘木さんは、大阪で長い間、大気汚染公害に関する市民活動をボランティアでやったり、公害運動の財団運営に関わってきた方です。12年前に地元大町市の市長選挙に出たことをきっかけに、支援してくれた人たちの了解を得て、カンパの残りをもとに、地域づくり工房を設立。選挙でも訴えていた「市民の生活に根ざした経験や知恵、行動力を生かし、環境・福祉・学び合いをテーマにした、新しい時代にふさわしい仕事おこしをすすめます」（設立趣意書）の実践を始めたとのことです。そしてすぐに、市内の水路を活用してミニ水力発電による省エネルギーをすすめる「くるくるエコプロジェクト」と、廃食油を精製したバイオ軽油と地産地消の菜種オイルを普及する「菜の花エコプロジェクト」を立ち上げ、10年以上の実績があります。傘木さんは「地域で小金が回るしくみを作ることを実践している」と常々言っているとのこと、なるほどと思いました。

　傘木さんは、環境アセスメント学会の理事を務めている関係で、これまでも地元の環境問題で「トラブルのたびに引っ張り出され相談を受けた」こと、住民運動としての環境アセスメントを奨めてきたことから、環境アセスの規模には至らない事業についても「簡易アセス」を実施したいという思いを持っていました。そこに、今回の協働のパートナーとなる地元企業の金森建設から相談があったわけです。

金森建設とは

　2011年、金森建設の子会社がコンクリート骨材調達のための砕石事業を大町市内で計画した際に、その環境対策について地域づくり工房に相談したことがきっかけになりました。

　金森建設は、1955年創業、大町市および北安曇郡（併せて大北地域と称す）において土木を中心に総合建設業を営む企業です。2008年には環境宣言を掲げ、大北地域初のメガソーラーを新事業として実現するなど自然エネルギーの普及にも熱心です。社員に対しては全員がエコ検定を取得するよう働きかけ、現在60名中40名余りが取得、さらにビオトープの資格も2名が取得するなど、環境への取り組みは熱心に行われています。

　協働事業の責任者である、金森建設専務取締役の中村皆司さんは、「山を開発することについては、申し訳ないという気持ちでやっているん

す。表土復元の義務はないのですが、開発し終わったら表土を戻し地元の植物を植え、自然に戻すことにしています」。「これまでの事業では地元に図面を持って行ってもなかなか分かってもらえない。今度の事業地は、仁科３湖の景勝地に近く、鉄道や集落があり、鳥獣の通り道にもなっている。事業者から見た計画が、どう見られているのか知りたいし、真剣に取り組んでいることも見てもらいたい」ということで、以前から地域活動などで知っていた傘木さんのところに、環境影響について住民にわかりやすく説明をしてほしいという相談に行った」とのことです。ですから、始めからアセスメントを目指していたわけではなかったのです。

協働の内容─砕石事業

　傘木さんは、アセスメントの仕事は案件がなければ始まらないので、この相談を受けて、「自主簡易アセス業務」として実施することを提案しました。その際、以下の３点を金森建設と確認しています。予算と期間の制約から簡易な環境影響の説明となること、第三者的立場からの評価として関わること、住民だけでなく広く関心を持つ人に開かれたものとすることです。

　「自主簡易アセス」で重要なことは、環境影響を住民が正しく理解して、そのうえで意見を出してもらうことです。ここで登場するのが協働事業のパートナーとなっている株式会社フォーラムエイト（以下、フォーラムエイト）です。フォーラムエイトはソフトウェアの会社ですが、交通安全や自然災害に対応したシミュレーションと３D-VR（三次元ヴァーチャルリアリティ）技術で成長してきた会社で、以前から地域づくり工房の会員として地域づくり工房がサポートを受ける関係でした。３D-VRは、従来の図面や絵だけではなかなか理解しにくい事業実施による環境変化を、パソコン画面上で現状と実施後の姿をあらゆる視点でリアルにみることができるため、実施者と住民などが共通の理解に立って意見交換がしやすいという大きな効果があります。

　では実際にこの協働はどのように進められたのでしょうか。金森建設から地域づくり工房に相談があったのが2012年４月、そして地域づくり工房から「自主簡易アセス」として実施の提案があり、両者の協定が結ばれたのが５月です。そして2012年７月末に地域づくり工房による砕石事業の実施計画のweb開示と意見募集、８月に地域自治会への説明会と意見交換、９月には大町市関係課との意見交換も経て、出された意見

を踏まえた修正実施計画が開示されました。その後、アンケートも含めた意見集約を踏まえ、地域づくり工房が環境保全対策の修正案を策定し金森建設に提示、協議を重ねて両者の合意に至ります。汚泥流出防止策、景観対策、騒音対策を「格段に」強化するというもので、いずれも具体的に対策が示されたものです。

　残念なことに、最終的な評価書案を一般公開する前に開かれた地権者会において、道路整備の意見が強く出され、事業者が持ち帰ることになり、プロセスが中断し現在に至っています。

メガソーラー事業

　上記のとおり、初めての「自主簡易アセス」事業は中断し、事業実施には至りませんでした。しかし、金森建設の中村専務は、別の子会社が実施する養魚場跡地メガソーラー事業についても「自主簡易アセス」を実施しようと傘木さんに相談します。メガソーラー事業が行われる北安曇郡池田町は、「日本で一番美しい町」をめざす独自の条例を持ち、地主から申請されたメガソーラー事業の開発申請を、田園環境保全地域の用途に適さない、景観に支障があるとの理由で「立地不可」の決定をしています。金森建設（子会社）は、景観等の環境面について必要な対策を講じたうえで、改めて「自主簡易アセス」の方法で町や地元と協議しました。ここでも、高台の公園や近隣の住戸からメガソーラーがどの程度見えるか、日時による太陽光パネルの太陽光の反射方向といった共通理解にフォーラムエイトの３D-VRの効果は大きかったようです。

　環境影響がそれほど大きくないことが理解され、出された意見を踏まえ、景観面から植栽の追加、パネルの向きを調整し太陽光の反射範囲の縮小を図るなど、さらなる対策が取られたこと、事後の調査で実際の影響を現場で確認することが評価され、事業実施が認められました。

協働の発展と課題

　こうして２件の「自主簡易アセス」協働事業が行われたわけですが、これらは、傘木さんが環境アセス学会の理事をしている関係で、学会で発表され、アセスメント分野では認知されるようになりました。2013年度の環境省「自主的な環境配慮の推進に関する懇談会」の委員にも選ばれ、「環境省を後押ししていると自負しています」（傘木さん）とのことです。「自主簡易アセス」事業の意義が評価されて、「自主簡易アセスの普及

に向けた支援ツールの開発」が、2014年度の地球環境基金助成事業に選ばれました。年間600万円の助成金は国内での活動としては最大です。これを使って3ヵ年計画で「自主簡易アセス」の講座活動・養成事業を立ち上げる計画がスタートしています。「企業とNPOが地域で協働でできるしくみを作れば協働を広げていけます」「アセスを知らない環境NPOが多いので、アセスへの偏見を変えていければいいと思います」と、傘木さんは言います。

また、「自主簡易アセス」事業としては、2005年に「くるくるエコプロジェクト事業」でパートナーシップ賞を受賞したときのパートナーであるネクストエナジー・アンド・リソース株式会社が伊那市で実施する太陽光発電事業（2014年12月～2015年4月実施済み）、さらに、今回のパートナーで3D-VR作成のフォーラムエイトの東京における社員寮建設事業でも実施が計画されています。いずれも、自社の他の案件で住民ともめたり、近隣の案件がもめていたりで、住民とのコミュニケーションの方法として取り上げられたものです。

では金森建設はどうか。会社は変わったかという問いかけに中村専務は、「企業のイメージアップには大いに役立っています。社員が共有してくれればいいが、まだそこまではいっていない」と率直に語ってくれました。そして、「自主簡簡易アセス」で実施した太陽光発電については地域づくり工房と協働で事後検証をしようということになっているとのことです。

今回の協働事業は、地域づくり工房が中心となり、フォーラムエイトのシステム力を活用して、金森建設の新規事業を「自主簡簡易アセス」という方法で地域・住民理解をはかり環境配慮を高めることを目的としたものです。事業としての先駆性は高いものですが、3者の協働という面で今後の課題を残していると思われます。また、金森建設では、グループ内で2件も行われた自主簡易アセスの実施内容や意義を十分に社内に浸透させ、企業の力にしていくことが課題でしょう。（文責：杉田教夫）

■調査協力（役職・肩書はいずれも2014年11月27日取材当時）
　傘木宏夫氏（NPO地域づくり工房代表理事）
　中村皆司氏（金森建設株式会社専務取締役）
　片桐加代氏（金森建設株式会社開発担当）

データで見る
第11回日本パートナーシップ大賞

第1章　募集プロセスおよび応募一覧

１．第11回日本パートナーシップ大賞　募集プロセス

　「第11回日本パートナーシップ大賞」は、認定特定非営利活動法人日本NPOセンターとの協働により、新しい組織体制を創るところからはじまりました。パートナーシップ・サポートセンターと日本NPOセンターの理事による運営委員会を新たに設置し、名古屋だけでなく東京にも事務局を置き、協働事業の募集、審査、調査、表彰式までの事業運営全般を話し合いながら事業を進めました。また、企業とNPOの協働に関心を寄せたIT関連企業が、日本パートナーシップ大賞専用サイトの立ち上げ・広報の運営協力で参加してくれました。

　「第11回日本パートナーシップ大賞」の募集は、当初2014年９月９日から９月24日まででしたが、例年より募集期間が短かったこともあり、最終的には10月19日まで期間を延長しました。広報はパートナーシップ・サポートセンターと日本NPOセンター双方からのメール配信のほか、全国各地域のNPO支援センターにチラシ配架の依頼をはじめ、メールマガジン、SNS、情報誌、日本NPO学会のメーリングリストなど多くの媒体の協力を得て実施。専用サイトと並行して日本パートナーシップ大賞facebookページを立ち上げ、これまで以上にインターネット上での広報に力を入れました。また今回はじめて、内閣府、１％（ワンパーセント）クラブの後援を受けることができました。　なお、募集要項には、「より全国区へ」「より持続可能な事業へ」の模索の中で、日本NPOセンターとの協働事業として成立した経緯を、パートナーシップ・サポートセンター代表理事岸田眞代が明らかにしています。

　また、これまでの懸案でもあった応募・審査費について、改めて運営委員会で議論した結果、応募事業１件につき審査費5000円を設定し、審査に係わる費用の一部に充てることにしました。同時に、グランプリの副賞（NPOのみ）は、これまでの30万円から50万円にアップしています。

　応募事業の選考を行う審査委員には、１％（ワンパーセント）クラブ会長と第10回日本パートナーシップ大賞グランプリ受賞者（企業）に加え、審査委員長には、中央大学総合政策学部公共政策研究所教授の目加田説子氏に就任いただき、日本NPOセンター代表理事、パートナーシップ・

サポートセンター代表理事を併せ、計5名による新しい審査会を設置しました。

【第11回日本パートナーシップ大賞　募集要項】

(1) 趣旨

「日本パートナーシップ大賞」はNPOと企業の優れたパートナーシップ事例を選出し表彰することにより、NPOと企業の協働が可能であること、社会におけるさまざまな問題を解決する手段のひとつとして有効であることを示し、NPOと企業の協働を中心に、多様な主体による協働を推進することを目的として、2002年に第1回が開催されました。

2013年の第10回までに、企業約600社、NPO約300団体による約300件の協働事例が全国から寄せられ、本事業を通して「NPOと企業の協働」のモデルを提示してきました。

第11回日本パートナーシップ大賞は、そうした積み重ねの上に、新たな体制のもと、「次のステージ」へと歩みを進めることになりました。地域や社会の問題解決を目指して、全国津々浦々まで協働の輪が広がるように、そして持続可能な社会的事業として次代へ引き継がれていくように、皆様に支えられながら新たに出発いたします。

より多くの皆様からのご応募、そしてご支援を、心からお待ち申し上げております。

2014年8月
日本パートナーシップ大賞運営委員会

第11回日本パートナーシップ大賞　開催に至る経緯

2002年より多くの優れた協働モデルを世に送り出してきた「パートナーシップ大賞」。十数年にわたり、パートナーシップ・サポートセンターの自主事業として協働推進に力を注いできましたが、この間、総じて運営のための資金という大きな課題を抱えてきました。「次代へどうつないでいくか」、その責任について議論を重ね、「より全国区へ」「より持続可能な事業へ」の転換を模索する中で、認定特定非営利活動法人日本NPOセンターからの積極的な支援を得ることができ、第11回から協働事業として新たなスタートを切ることになりました。

（パートナーシップ・サポートセンター代表理事　岸田眞代）

(2) 各賞
- ■グランプリ（1事業）……NPOに副賞50万円
- ■優秀賞（複数事業）……NPOに副賞10万円
- ■その他特別賞

(3) 対象となる事業

日本に所在するNPO（法人格の有無不問、以下同じ）と企業の協働事業。（左記の協働に、行政・大学等多様な主体が関わった協働事業も可）

(4) 応募条件

①応募の時点で継続中または事業終了後1年以内のもの。自薦または第三者による推薦。ただし、いずれも、NPOおよび企業双方の了解が得られていることを条件とします。

※協働事業ごとの応募となりますので、複数の協働事業について、それぞれ応募することも可能です。

※事業所単位の応募も可能です。

②過去の「パートナーシップ大賞」入賞事業（グランプリ事業含む）を除きます。

③事例集として作成する刊行物やホームページ等に、協働事業名、NPO名、企業名等を掲載することについて、ご了承いただくことを条件とします。

⑸ 応募方法
①応募用紙をホームページ（http://www.psc.or.jp/award/）からダウンロード（Word形式）してください。
②必要事項をご記入の上、応募書類を以下の提出先までＥメールにてお送りいただき、応募・審査費（5000円）を指定口座へお振込みください。
※応募書類をＥメールでご提出頂いた時点では仮受付となります。
③応募書類一式（応募書類一覧及びチェック表、応募用紙、添付書類）を2014年9月24日㈬必着で郵送ください。
④応募書類一式の到着、並びに応募・審査費入金の確認後、事務局よりＥメールにて本受付完了の連絡をいたします。

【提出先Ｅメール】oubo@psc.or.jp
【提出先住所】〒464-0067　愛知県名古屋市千種区池下1-11-21　サンコート池下２Ｆ
　　　　　　　特定非営利活動法人パートナーシップ・サポートセンター
　　　　　　　第11回日本パートナーシップ大賞　運営事務局　募集係
※応募書類は、所定の応募フォームに収めてください。
※応募書類は必ずword形式でお送り下さい。
※応募用紙がダウンロードできない、またはＥメールにて送信できない場合はご連絡ください。
※添付書類は「応募書類一覧及びチェック表」をご確認のうえ、郵送して下さい。（応募書類にホームページアドレス等の記入のみの場合は添付書類とみなされない場合があります。）
※応募書類、応募・審査費等は、一切返却いたしません。

⑸ 応募・審査費
応募事業１件につき　5000円
※第11回日本パートナーシップ大賞の応募・審査費は、審査に係わる一部費用です。
※振込みの際には、会社名あるいはNPO名を入力してください。
※振込み手数料はご負担願います。

⑹ 選考の流れ
　日本パートナーシップ大賞の審査は、一次審査（応募書類審査）を通過した協働事業に対し、複数の調査員による現地取材調査を行うことが最大の特徴です。
　NPOと企業のそれぞれに対する現地取材調査の結果をもとに、上位事業のNPO、企業双方によるプレゼンテーションによって、最終的にグランプリが決定します。

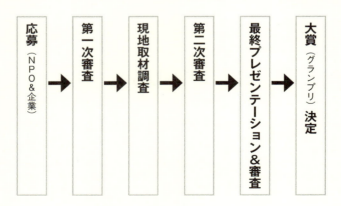

(7) 審査委員 (敬称略)
目加田説子 (中央大学総合政策学部公共政策研究所教授)
佐藤　正敏 (1％〈ワンパーセント〉クラブ会長)
久世　良三 (株式会社サンクゼール代表取締役社長)
　　　　　　※第10回日本パートナーシップ大賞グランプリ受賞企業
早瀬　　昇 (認定特定非営利活動法人日本NPOセンター代表理事)
岸田　眞代 (特定非営利活動法人パートナーシップ・サポートセンター代表理事)

(8) スケジュール
募集期間　　　　　2014年9月9日(火)〜9月24日(水)　必着
第一次(書類)審査　2014年10月29日(水)
現地取材調査　　　2014年11月〜12月
第二次審査　　　　2015年1月24日(土)
最終審査＆表彰式　2015年2月20日(金)
　損保ジャパン日本興亜本社ビル　2階大会議室
　〒160-8338　東京都新宿区西新宿1-26-1

主　　催：日本パートナーシップ大賞運営委員会

共　　催：特定非営利活動法人パートナーシップ・サポートセンター、認定特定非営利活動法人日本NPOセンター

協賛企業：大和リース株式会社、トヨタ自動車株式会社、株式会社デンソー、MS＆ADゆにぞんスマイルクラブ、株式会社サンクゼール、公益財団法人中部圏社会経済研究所、万協製薬株式会社

後　　援：内閣府、1％(ワンパーセント)クラブ

2．第11回日本パートナーシップ大賞　応募事業の分野

　今回のパートナーシップ大賞には、全国から20件の応募がありました。これらの事業分野別内訳を次ページの表に示します。分野については、応募の時点でそれぞれ応募者自身に選択していただきました。子ども向けに環境保全を伝える事例などは、環境保全の分野と子どもの健全育成の分野に分類されるなど、活動分野が複数の分野にまたがる事例も多く含まれるため、延べ47件となっています。NPO法による活動分野と東日本大震災関連事業、その他の分野を別に分類し、今回応募があったのは21分野中15分野となりました。

　応募事業の分野で見てみると、一番多かった活動分野は「環境保全」(8件)と「子どもの健全育成」(8件)、次いで「東日本大震災関連」(5件)となりました。特に東日本大震災関連の協働事業は、被災者の自立支援や人材育成など、復興の過程で新たに出てきた現地のニーズに着目した被災地支援活動が目立ちました。

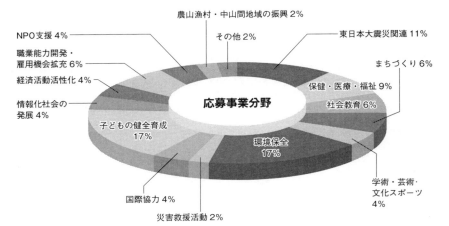

事業分野	件数	%
①東日本大震災関連	5	11
②保健・医療・福祉	4	9
③社会教育	3	6
④まちづくり	3	6
⑤学術・芸術・文化スポーツ	2	4
⑥環境保全	8	17
⑦災害救援活動	1	2
⑧地域安全活動	0	0
⑨人権・平和	0	0
⑩国際協力	2	4
⑪男女共同参画	0	0
⑫子どもの健全育成	8	17
⑬情報化社会の発展	2	4
⑭科学技術振興	0	0
⑮経済活動活性化	2	4
⑯職業能力開発・雇用機会拡充	3	6
⑰消費者保護	0	0
⑱NPO支援	2	4
⑲観光振興	0	0
⑳農山漁村・中山間地域の振興	1	2
㉑その他	1	2
合計	47	100

3．第11回日本パートナーシップ大賞　応募事業一覧

No.	協働事業名	分　　野	実施企業	実施企業・その他の主体	所在地 NPO 企業
1	新北鎌倉の恵みプロジェクト事業	まちづくり、環境保全、NPO支援	北鎌倉湧水ネットワーク	サンクトガーレン有限会社	神奈川県
2	天然石けんづくりで女性の収入向上支援事業	国際協力、職業能力開発・雇用機会拡充	NPO法人シャプラニール＝市民による海外協力の会	太陽油脂株式会社	東京都 神奈川県
3	日本の環境を守る若武者育成塾事業	まちづくり、環境保全、その他（環境教育）	公益社団法人日本環境教育フォーラム	アサヒビール株式会社	東京都
4	1型糖尿病の患者のためのジューC事業	保健・医療・福祉	認定NPO法人日本IDDMネットワーク	カバヤ食品株式会社	佐賀県 岡山県
5	東日本大震災被災地での新入社員研修事業	東日本大震災関連、その他（人材育成）	NPO法人JEN（ジェン）	株式会社リコー	東京都
6	金銭基礎教育マネーコネクション®事業	社会教育	認定NPO法人育て上げネット	株式会社新生銀行	東京都
7	健康手帳電子化システム開発事業	東日本大震災関連、保健・医療・福祉、子どもの健全育成	NPO法人福島県の児童養護施設の子どもの健康を考える会	福味商事株式会社、宗教法人日本ルーテル教団	福島県 東京都
8	自主簡易アセスの開拓事業	環境保全、情報化社会の発展	NPO地域づくり工房	金森建設株式会社、株式会社フォーラムエイト	長野県 東京都
9	伊藤園かにゃおプロジェクトNPO協働事業	社会教育、環境保全、経済活動活性化	NPO法人シャーロックホームズ、NPO法人フーズマイルぐり、NPO法人NPOサポートちがさき、NPO法人藤沢市市民活動推進連絡会	株式会社伊藤園、株式会社トーヨー、ステップキャンプ実行委員会、三崎開港祭実行委員会、神奈川県立観音崎公園	神奈川県 東京都
10	海の環境工作教室＆シーボーンアート展事業	環境保全、子どもの健全育成	NPO法人日本渚の美術協会	明治安田生命保険相互会社	東京都
11	せとしんプロボノプロジェクト事業	まちづくり、経済活動活性化、NPO支援	コミュニティ・ユース・バンクmomo	瀬戸信用金庫	愛知県
12	木の大切さを伝えるウッドスタート事業	学術・芸術・文化スポーツ、環境保全、子どもの健全育成	認定NPO法人日本グッド・トイ委員会	株式会社良品計画	東京都

13	小さな手仕事で被災地と世界を結ぶ協働事業	東日本大震災関連、職業能力開発・雇用機会拡充、農山漁村・中山間地域の振興	NPO法人遠野山・里・暮らしネットワーク	株式会社福市	岩手県 大阪府
14	王子の森・自然学校事業	社会教育、環境保全、子どもの健全育成	公益社団法人日本環境教育フォーラム（JEEF）	王子ホールディングス株式会社	東京都
15	ニチバン巻心ECOプロジェクト事業	環境保全、国際協力、子どもの健全育成	NPO法人イカオ・アコ	ニチバン株式会社	愛知県 東京都
16	スミセイアフタースクールプロジェクト事業	子どもの健全育成	NPO法人放課後NPOアフタースクール	住友生命保険相互会社	東京都
17	被災地での子ども化学実験教室の開催事業	東日本大震災関連、災害救援活動、子どもの健全育成	NPO法人ピースウィンズ・ジャパン	三井化学株式会社	広島県 東京都
18	ハートボールプロジェクト事業	保健・医療・福祉、学術・芸術・文化スポーツ、職業能力開発・雇用機会拡充	一般社団法人ジョブステーション西宮	大阪瓦斯株式会社	兵庫県 大阪府
19	子どもの療育環境改善事業	子どもの健全育成	NPO法人子ども健康フォーラム	マニュライフ生命保険株式会社、中央共同募金会	愛知県 東京都
20	市民記者講座・埼玉市民記者クラブ運営事業	情報化の発展	NPO法人埼玉情報センター	株式会社埼玉新聞社	埼玉県

第2章 審査プロセスおよび調査・評価方法

「第11回日本パートナーシップ大賞」は、運営委員会、審査会とは別に全国の学識経験者や中間支援NPO職員らで構成される調査会を設け、一次審査を通過した事業に対して、現地ヒアリング調査を行いました。調査会を構成する調査員は、従来の調査員に加え、今回はじめて日本NPOセンター主催の全国支援センター代表らの集まる会議（通称：CEO会議）にて調査員の募集を呼びかけ、新たに地方支援センター職員2名と日本NPOセンター職員1名が加わり、10名の調査会を発足しました。新しい3名の調査員には、パートナーシップ・サポートセンター代表理事ら2名による事前研修も実施しました。

1．第一次審査

応募書類は、事前に各審査委員へ送付し、あらかじめ評価項目に基づいた採点をしていただきました。目標設定、先駆性、協働度、達成度、成長度、インパクトの6項目について、各項目5点満点の5段階評価で点数化しました。

第一次審査会は、2014年10月29日(水)、日本NPOセンター会議室にて行われ、応募書類や添付資料等に基づき書類審査を行いました。協働事業の概要、NPOと企業それぞれの組織等について、1事業ずつ審議しました。事前採点をもとに、調査員の意見を参考にしながら、5名の審査委員が各事業の添付資料などにも目を通し慎重に審査を行い、審議の結果、9事業について現地調査を行うことに決定しました。（9事業については本書第Ⅱ部参照）

2．現地調査と第二次審査

第一次審査会を通過した9事業について、11月から12月にかけて、10名の調査員が、各事業に対し2名ずつ現地に入り、NPO・企業双方に対し、それぞれ個別に取材調査を行いました。「自己評価シート」に企業、NPOそれぞれ別に記入してもらった後、ヒアリングをし、調査員2名

による評価について合議したのち「調査員用評価シート」を作成しました。

評価項目は、(1)目標設定 (2)経過 (3)事業結果 (4)(社会への)インパクトの4つのフェーズで、計20項目により構成されています。

こうして調査員によってまとめられた全9事業の評価結果を、二次審査会前の調査会にて協議しました。評価レベルのすり合わせを行い、過去の受賞事例との類似性、同分野における事業の先駆性、協働が社会に及ぼしたインパクト、事業分野や規模、地域などを総合的に勘案した調査結果を、翌週開催の二次審査会に提出しました。

2015年1月24日㈯の第二次審査会では、調査員による現地調査の報告をもとに、審査委員により9事業すべてについて、ひとつずつ協働の度合や事業の成果、さらには社会に与えた影響、今後の可能性など、丁寧に審議を行い、最終審査に進む上位5事業を選出しました。

3．最終審査

最終審査会は2015年2月20日㈮、損保ジャパン日本興亜本社ビル（東京都新宿区）にて行われました。東京に本社のある企業からの参加も多く見られ、最終審査・表彰式への参加は、103名になりました。

最終審査会では、第二次審査を通過した5事業の企業とNPO双方の代表者が、各15分間ずつのプレゼンテーションを実施しました。それぞれに工夫を凝らしたプレゼンテーションは、聴衆を巻き込み、会場内は熱い雰囲気に包まれました。最終審査は、第二次審査までの得点（200点満点）にこの最終プレゼンテーションの50点が加算され、計250点満点として評点がつけられました。

1）来場者による「参加者評価」

最終審査は、当日来場者による「参加者評価」を行います。審査の公開性を高めると同時に、協働事業を評価する基準や方法についても、来場者に考えていただく機会として、毎回実施しているものです。

会場で5事業すべての最終プレゼンテーションを聞いた参加者による評価は、事業内容と発表・表現力の各5段階評価の計10点満点の得点をつけた上で「あなたが選ぶグランプリ」1つを投票していただきました。この参加者評価を集計し、本審査中の審査委員に参考情報として提供さ

れました。

2）「第11回日本パートナーシップ大賞」グランプリの決定

　参加者評価を考慮しつつ、審査委員による厳正な協議を経て、「第11回日本パートナーシップ大賞」グランプリは、認定特定非営利活動法人日本IDDMネットワークとカバヤ食品株式会社との協働事業「１型糖尿病の患者のためのジューC事業」が選ばれました。

　１型糖尿病という不治の病から子どもを"救う"ための補食をお菓子メーカーが開発。NPOとの協働で商品改良、販売強化を継続中です。企業の所在地岡山県とNPOの所在地佐賀県からは初のグランプリです。グランプリ受賞NPOへは、副賞として50万円が贈られました。

　グランプリに次ぐ優秀事業２事業に優秀賞が贈られました。優秀賞は、特定非営利活動法人福島県の児童養護施設の子どもの健康を考える会と福味商事株式会社、宗教法人日本ルーテル教団の三者による協働事業「健康手帳電子化システム開発事業」と、特定非営利活動法人シャプラニール＝市民による海外協力の会及び太陽油脂株式会社による協働事業「天然石けんづくりで女性の収入向上支援事業」が選ばれました。優秀賞２事業のNPOへは、副賞としてそれぞれ10万円が贈られました。

　また今回は特別賞として、サンクゼール株式会社より、NPOと企業のチームワークに優れた協働事業として「金銭基礎教育マネーコネクション事業®事業」に「サンクゼール賞」（副賞サンクゼール社製スパークリングワイン）が、株式会社オルタナより、NPOと企業のコミュニケーションに優れた協働事業として「小さな手仕事で被災地と世界を結ぶ協働事業」に「オルタナ賞」（副賞『オルタナ』年間購読10人分）が、それぞれ贈られました。

『第11回日本パートナーシップ大賞』
グランプリ優秀賞2事業

No.	協働事業名（実施地域）	協働事業内容
グランプリ	1型糖尿病の患者のためのジューC事業 （佐賀県・岡山県） ■NPO 認定NPO法人日本IDDMネットワーク ■企業 カバヤ食品株式会社	1型糖尿病のお子さんをもつお母さんの1本の電話から始まったこの事業。この不治の病から子どもを"救う"ために採算度外視で、学校でお菓子とはわからないような商品を開発。岡山の患者会から「この商品を全国に広めて欲しい」と連絡を受けたNPOと企業の協働事業がスタートしました。1型糖尿病の子どもたちが健康な子どもたちと同じようにお菓子を食べられる社会の実現を目指して、根治のその日まで、商品改良、販売強化を続けて行きます。
優秀賞	健康手帳電子化システム開発事業 （福島県） ■NPO NPO法人福島県の児童養護施設の子どもの健康を考える会 ■企業等 福味商事株式会社 宗教法人日本ルーテル教団	福島県内8ヵ所の児童養護施設には親による養育を受けられない子どもが生活。原発事故による低線量被曝の長期的な影響は未知数です。NPOが行う子どもたちの被曝モニタリング検査に加えて、母子手帳すら持たない子どもの成長記録も「健康手帳」にまとめて卒園生へ渡してきました。これを、長期的な保存と健康管理に役立てるため、日本ルーテル教団と県内の企業と共にソフトウェア化を行い、汎用性が高い拡張版の開発も開始しています。
優秀賞	天然石けんづくりで女性の収入向上支援事業 （東京都・神奈川県） ■NPO NPO法人シャプラニール＝市民による海外協力の会 ■企業 太陽油脂株式会社	社会的、経済的に厳しい状況にあるネパールとバングラデシュの女性たちが生活向上を目指し、フェアトレード商品として天然石けん『She with ShaplaNeer』を生産しています。その商品開発過程で品質改善と安全性の確保のため、企業からの技術支援を受け、女性たちは「よい石けん」を安定的に安全に作る意識と技術を身に付けることができました。石けんづくりは彼女たちの未来を明るく照らしています。

特別賞

サンクゼール賞：NPOと企業のチームワークに優れた協働事業	
金銭基礎教育マネーコネクション®事業 （東京都）	■NPO 認定NPO法人育て上げネット ■企業 株式会社新生銀行

オルタナ賞：NPOと企業のコミュニケーションに優れた協働事業	
小さな手仕事で被災地と世界を結ぶ協働事業 （岩手県・大阪府）	■NPO NPO法人遠野山・里・暮らしネットワーク ■企業 株式会社福市

4．総評

　皆さん今日は長時間に渡りお疲れ様でした。発表して下さった5組の皆さんも大変緊張もされ、お疲れになったのではないかと思います。私自身今回初めて審査を担当させていただき、正直とっても緊張をいたしましたが、今日のプレゼンテーションはとても楽しみにしてまいりました。どの発表もすべてその期待に十分に応えて余りある内容であったという思いでいっぱいです。

　この賞に今回20の事業がご応募いただき、そこから厳選な審査を経て今日おいでいただいた5つの事業に絞ったという経緯があります。この過程も全て喧々諤々本当にいろんな意見が出まして、最終的にこの5つに絞る審査は大変なことでした。残念ながら今日ここにおいでいただけなかった15事業の皆さんからも同じように発表を聞いてみたいと思うような興味深い内容ばかりでした。そういう経緯があって、本日は5つの事業にご発表いただいたわけですが、どの内容もパートナーシップ企業やさまざまな立場の違う方が、お互いの問題意識などを共有しながら社会の課題を解決するためにタッグを組んで取り組んでいく、その姿は心打たれるものがございました。私自身NPOと行政機関あるいは国際機関と協働するということに長年携わってまいりましたけれども、残念ながら企業の方々と協働するという機会には恵まれませんでした。本日色々とプレゼンテーションを伺い、企業とNPOが文字通り対等な立場で親密にコミュニケーションをとりながら、社会の問題に解決のために取り組んでいくということは、今後の日本に非常に大事な意味を持っているのではないかと改めて気づかされた思いがしております。正直に言ってここまでNPOの方と企業が本当に力を合わせて問題の解決に取り組んでいるということを実態として存じませんでしたので、本当にうれしく思いましたと同時に、励まされた思いがいたしました。

　今回は、日本NPOセンターの支援を受けて、新しい体制になって審査委員一同まったく一から始めた審査委員会でございましたが、いろいろ分からないことや判断しきれないことを随分みんなの間で議論を重ねてまいりました。5つのすばらしい事業について発表していただき、将来につながるような企業とNPOの協働事業をグランプリという形で表彰させていただいたことは、担当させていただいた者として光栄の極みに存じます。ぜひ来年以降も、今回残念ながら最終選考に残らなかった

事業あるいはその他の事業でも、すばらしいものが多数ございましたので、ぜひまた応募していただきたいと思います。そして最後になりますが、この審査をするにあたり、我々5人の審査委員のみならず最初にそもそも20の事業について詳しく調べ、そしてヒアリングなどもして下さった調査員の方々のご協力なしには実現できなかったことをお伝えし、調査員の方お１人おひとりに心より感謝を申し上げたいと思います。

　最後に、来年以降、まだ企業あるいはNPOの方で協働に取り組んだことがないという方も、今回のパートナーシップ大賞の会場に来られたことをきっかけに、ぜひそういうことに取り組んでいただけたらと思います。皆さん本日は長時間お疲れ様でした。そしてご来場いただき本当にありがとうございました。　（目加田説子・審査委員長あいさつから）

5．入賞NPO／企業との対話コーナー～協働のキーパーソンに聞く！～

　最終プレゼンテーションを終え、別室にて審査員による最終審査が行われました。「第11回日本パートナーシップ大賞」は、その時間を利用して、会場では「入賞NPO／企業との対話コーナー～協働のキーパーソンに聞く！～」が開催されました。

　会場内に、最終プレゼンテーションを行った5つの事業ごとに対話ブースを設け、一般参加者の皆さんに関心のあるブースに分かれていただき、協働を成功に導き、社会課題の解決に至ったプロセス、プレゼンテーションでは聞けなかった協働事業の裏話など、協働のキーパーソンの本音を伺いました。各ブースでは、現地取材を担当した調査員がファシリテーターを務めました。最終プレゼンテーションの質疑応答は審査委員からのみ受け付けているため、一般参加者の方々からの「もっと詳しく聞いてみたい」部分を突っ込んで聞くことができました。発表団体・企業の方々からは、プレゼンテーションの緊張感から解き放たれリラッ

クスした雰囲気の中から出る本音や協働事業の苦労話なども聞くことができ、双方にとって満足度の高い対話の時間となりました。

6．「第11回日本パートナーシップ大賞」を終えて

　会場の皆様、本日は本当に長時間に渡りありがとうございました。
「第11回日本パートナーシップ大賞」は、日本NPOセンターとの初の共催という形で実施しました。これまでの10回は、我々パートナーシップ・サポートセンターが中心となって独自で主に名古屋で開催をしてまいりました。実は東京で開催するのは第5回以来二度目の開催になりますが、今回は名古屋だけでなく日本NPOセンターにも事務局を置いて、本格的な東京開催になりました。そういう意味では新たな一歩を踏み出せたのかな、と思っています。

　本日ご発表いただいた5つの事業、すばらしい事業ばかりで本当にどれがグランプリになってもおかしくないという、そんなプレゼンテーションでした。グランプリが決まって最後に受賞者が涙されたその感激が、本当に私たちの方にも伝わって来ました。

　パートナーシップ大賞事業は、団体や組織を表彰するものではなく、協働事業を表彰していますので、実は同じ団体、同じ組織が何度でも新たな協働を展開していくことが可能です。今日プレゼンテーションしてくださった団体の中にも、何回目かの団体もあったと思います。そして地域や社会の問題を解決する新たな事業が、皆さんの知恵と力を寄せ合えば、いくつでもできていくことを証明しています。

　最後になりますが、協賛をしていただきました企業の皆様、そして何より本日この会場をお貸しいただきました損保ジャパン日本興亜様に感謝の気持ち込めてお礼を申し上げたいと思います。そして調査員の皆さま、それから日本NPOセンターの皆さま、今回は東京と名古屋という本当に離れたところで不便もあったとは思いますがそれぞれ力を尽くしていただきました。本日もいろいろお手伝いをいただきましたボランティアやインターンの皆さま、本当に心から感謝を申し上げます。

　長時間に渡りましたが第11回日本パートナーシップ大賞、これにて閉会とさせていただきたいと思います。皆さまありがとうございました。

　　　　　　　　　　（岸田眞代・主催者代表閉会あいさつから）

■筆者紹介（50音順）

古賀　桃子　Koga Momoko
1975年福岡市生。学生時代に福岡市都心部のコミュニティ再生の活動に携わり、1998年福岡初のNPO支援組織・NPOふくおかの設立と同時にスタッフに。2000年、九州大学大学院法学研究科修士課程修了、同年事務局長就任。2002年退職、現組織を設立。［草の根から、社会を描く。］を合言葉に、NPOに関する相談や研修の他、企業や行政向けの啓発・コーディネート等、多角的なアプローチでのNPOの活動基盤整備を図る。日本NPOセンター理事等の委員職、福岡市地域活動アドバイザー、福岡女学院大学人文学部非常勤講師等を兼任。

小室　達章　Komuro Tatsuaki
パートナーシップ・サポートセンター会員。金城学院大学国際情報学部教授。名古屋大学大学院経済学研究科博士後期課程修了。博士（経済学）。専攻はリスクマネジメント論。「企業と社会」論の視点から、リスクマネジメント・危機管理のあり方を考察する。特にステークホルダーに対するリスクコミュニケーションを、リスクマネジメント論の体系に位置づけていくことに関心をもつ。日本経営学会、組織学会などに所属。

杉田　教夫　Sugita Norio
パートナーシップ・サポートセンター会員。2005年、損害保険会社を早期退職し、2011年4月までNPO法人パブリックリソースセンター　プログラムオフィサーとして、主に社会的責任投資に関わる企業の調査・評価に携わった。現在、長野県茅野市で野菜作りをしながら、NPO法人労働相談センターにおいて、全国からのさまざまな雇用問題に関する相談に対応。インターネットの電子図書館「青空文庫」校正工作員。

髙浦　康有　Takaura Yasunari
パートナーシップ・サポートセンター会員。東北大学大学院経済学研究科准教授。一橋大学大学院商学研究科博士課程退学、専攻は企業倫理。学内外で企業の社会的責任、企業とNPOのアライアンス関係、ソーシャル・ベンチャーなどについて幅広く教育および研究活動を行なっている。日本経営倫理学会理事。

手塚　明美　Teduka Akemi
パートナーシップ・サポートセンター会員。認定特定非営利活動法人藤沢市市民活動推進連絡会理事／事務局長。一般社団法人ソーシャルコーディネートかながわ代表理事。1998年NPO法の制定をきっかけに、それまでの地域活動と社会教育活動によって培われた経験を生かし、NPOの支援を通じたまちづくり団体の創設に参画。2001年より神奈川県藤沢市のNPO支援センターのセンター長を務める。NPO支援の在り方を柱に、情報収集と発信を進め、非営利組織のマネジメント支援、CB・SB等の起業支援を中心に活動してきたが、最近ではNPOと他セクターとの協働及びSR推進に取り組んでいる。

富澤　佳恵　Tomisawa Yoshie
認定特定非営利活動法人新潟NPO協会理事。2003年、同法人に入社し、2007年から2014年事務局長として、新潟県域のNPO設立相談やコーディネート業務に携わる。2015年7月より、（一財）新潟ろうきん福祉財団へ出向し、NPO等の助成事業、地域づくりに関する各種セミナーの企画運営、調査事業などを担当。

長谷川　直哉　Hasegawa Naoya
　パートナーシップ・サポートセンター会員。法政大学人間環境学部および同大学院公共政策研究科サステイナビリティ学専攻教授。横浜国立大学大学院国際社会科学研究科博士後期課程修了。博士（経営学）。専門はサステイナブル経営、CSR金融、企業倫理、経営史。株式会社損害保険ジャパンにおいてSRIファンドの企画・運用に従事。中央大学大学院、芝浦工業大学大学院兼任講師、環境経営学会（理事）、環境経済政策学会、日本経営倫理学会などに所属。著書に『環境経営学の扉』（共著・文眞堂）、『生態会計への招待』（共著・森山書店）、『スズキを創った男 鈴木道雄』（単著・三重大学出版会）など多数。

横山　恵子　Keiko Yokoyama
　パートナーシップ・サポートセンター会員。関西大学商学部教授。北海道大学大学院経済学研究科博士後期課程修了。博士（経営学）。CSR戦略、企業とNPOの戦略的協働についての研究および教育活動を行っている。著書に『企業の社会戦略とNPO』（単著、白桃書房）、『新しい公共空間のデザイン』（共著、東海大学出版会）等がある。日本ベンチャー学会理事。

編集：山崎　恵美子（パートナーシップ・サポートセンター）

〈編著者紹介〉

岸田 眞代　Kishida Masayo

特定非営利活動法人パートナーシップ・サポートセンター（PSC）代表理事。大学卒業後、商社勤務、新聞・雑誌記者、経営コンサルタント会社等を経て㈲ヒューマンネット・あい設立。「リーダーに求められる要件・能力200問（自己分析）」を開発。企業・行政研修講師。1993年NPOと出合い、94年名古屋で初のNPOセミナー開催。96年「企業とNPOのパートナーシップスタディツアー」を企画実施。98年パートナーシップ・サポートセンター（PSC）を設立。2000年「パートナーシップ評価」発表。2002年に「パートナーシップ大賞」を創設した。各種行政委員歴任。
編著書は「パートナーシップ大賞」第１回～第10回事例集（巻末書籍紹介参照）、『中小企業の環境経営』（サンライズ出版　2010.3）ほか、「企業とNPOのためのパートナーシップガイド」「女が働く　均等法その現実」「中間管理職―女性社員育成への道―」等多数。

［連絡先］
特定非営利活動法人パートナーシップ・サポートセンター（PSC）
〒464-0067 愛知県名古屋市千種区池下1-11-21　サンコート池下２階
TEL：052-762-0401　FAX：052-762-0407
E-mail：kishida@psc.or.jp　URL：http://www.psc.or.jp

第11回日本パートナーシップ大賞 事例集

広がる協働　企業＆NPO 272事例のデータ分析

2016年２月10日　第１刷発行

　編著者　岸田　眞代

　発行所　特定非営利活動法人パートナーシップ・サポートセンター
　　　　　　　　　　　　　　　　　　　　　　　　　　　（PSC）
　　　　　〒464-0067 名古屋市千種区池下1-11-21　サンコート池下２階
　　　　　TEL：052-762-0401

　発　売　サンライズ出版
　　　　　〒522-0004 滋賀県彦根市鳥居本町655-1
　　　　　TEL：0749-22-0627

©パートナーシップ・サポートセンター 2016　Printed in Japan
ISBN978-4-88325-591-7
定価はカバーに表示しています。　乱丁本・落丁本は小社にてお取り替えいたします。

パートナーシップ・サポートセンター(PSC)の書籍紹介

「パートナーシップ大賞」で最終審査に残った事業や、現地調査した協働事業を紹介。「協働とは何か」「評価プロセス」「CSRとは何か」NPOと企業の新しい関係」「CSR報告書100社分析」「協働のコツ」など常に最先端のテーマで迫る、企業とNPOのパートナーシップのための教本。

「第1回パートナーシップ大賞」受賞事例集
NPOと企業　協働へのチャレンジ
ケース・スタディ11選
定価：2,000円＋税　（同文舘出版　2003.3)

「第2回パートナーシップ大賞」受賞事例集
NPOからみたCSR　協働へのチャレンジ
ケース・スタディⅡ
定価：2,300円＋税　（同文舘出版　2005.2)

「第3回パートナーシップ大賞」受賞事例集
企業とNPOのパートナーシップ
CSR報告書100社分析　ケーススタディⅢ
定価：2,200円＋税　（同文舘出版　2006.6)

「第4回パートナーシップ大賞」受賞事例集
CSRに効く！　企業＆NPO協働のコツ
定価：2,000円＋税　（風媒社　2007.10)

「第5回パートナーシップ大賞」受賞事例集
点から線へ　線から面へ
定価：1,000円＋税　（風媒社　2008.11)

東海地域における循環・環境配慮型地域社会構築のヒントとなる1冊
中小企業の環境経営
定価：1,200円＋税　（サンライズ出版　2010.3)

「第6回パートナーシップ大賞」受賞事例集
NPO＆企業 協働の10年 これまで・これから
定価：1,400円＋税

デザインによる地域の防災力向上、百貨店内への子育てひろばの設置など、特色あるNPOと企業の協働事例を顕彰する「パートナーシップ大賞」の第6回受賞事例を紹介。過去のグランプリ受賞者が一堂に会したパートナーシップ・サポートセンター創立10周年記念シンポジウムの模様も収録。　　（サンライズ出版　2010.12）

「第7回パートナーシップ大賞」受賞事例集
NPO＆企業 協働評価 目指せ！「パートナーシップ大賞」
定価：1,400円＋税

第7回パートナーシップ大賞グランプリに輝いた「モバイル型遠隔情報保障システム普及」事業をはじめ、「車椅子用雨カバー『ヌレント』開発」などユニークなNPOと企業の協働事例を紹介。第2部では、入賞を果たせなかった応募事業に対するコンサルティングの記録を収録し、「パートナーシップ大賞」入賞のポイントを紹介。（サンライズ出版　2011.10）

「第8回パートナーシップ大賞」受賞事例集
NPO＆企業 協働のススメ
定価：1,400円＋税

第8回パートナーシップ大賞受賞団体の事例を一挙紹介。震災後初の応募事例は格段にレベルが向上していることを本書で実証し、併せて、NPOと企業の協働推進の関わるQ＆Aも収録。　　　　　　　（サンライズ出版　2012.12）

「第9回日本パートナーシップ大賞」受賞事例集
企業が伸びる 地域が活きる 協働推進の15年
定価：1,400円＋税

第9回パートナーシップ大賞受賞の事例を収録。同時に「NPOと企業の協働」の推進をミッションに掲げ創立したNPO法人PSCの15年の足跡をたどる。協働事業を集約し、現地調査も踏まえて優れた事業を表彰してきた経緯も振り返る。
（サンライズ出版　2013.11）

「第10回日本パートナーシップ大賞」受賞事例集
「協働」は国を越えて
定価：1,400円＋税

企業とNPO法人が協働で地域社会の課題解決を目指して展開する事業を顕彰する日本パートナーシップ大賞の受賞事例を紹介。書名は、海外との事業展開事例が多くあったことによる。　　　　　　（サンライズ出版　2014.10）